Gottfried Schäfers · Münster · Wir entdecken eine Stadt

Gottfried Schultz 30/VI-59

gottfried schäfer 30.11.82

Gottfried Schäfers

MÜNSTER
Wir entdecken eine Stadt

Verlag Regensberg

ISBN 3-7923-0481-3
© 1982 by Verlag Regensberg
Graphik Design: Monshausen & Ross
Lithos: mad Offset-Reproduktion Münster
Gesamtherstellung: Regensberg Münster

Inhalt

Neugier ist gut 6

Riesengroßer Paulus-Dom 7

Hereinspaziert ins Paradies 10
Ein knorriger Baum als Spazierstock 12
Der Löwe von Münster 13
Mehr als nur die Uhrzeit 14
Klostergründung des heiligen Ludgerus 16

Ein Rathaus mit Geheimnissen 17

Folterwerkzeug und Schwerte 19
Mit sechzehn Frauen verheiratet 20
Die verdorrte Hand 21
Feierlichkeit, die beeindruckt 22
Als Trinkgefäß ein goldener Hahn 23
Der Westfälische Friede 24

Gute Stube unter freiem Himmel 27

Einen Bierkrieg gab es sogar 29
Lambertikirche mit den Käfigen 30
Der Wächter auf dem Turme 31
Treffpunkt der Jugend 32
Hoch zu Roß in eine Gastwirtschaft 34

Die Straße der heißen Würstchen 36

Schmuckstücke der Barock-Baukunst 38
Eindrucksvoll gestaltete Trümmerlandschaft 40
Was die so alles tun 41
Mit dem Beamtenbagger nach oben 42

Mit nassen Füßen fing es an 45

Warum Ludgerus nicht hier begraben ist 46
Ein Theater wie ein Donnerschlag 47
Zwei schöne alte Kirchen 48
Der Kiepenkerl bringt nicht nur frische Eier 49

Zieganbaron und andere Originale 50
Der Gute Montag der Bäcker 52
Kirchturm mit Kanonenplattform 53
Bei Regenwetter ins Museum 54

Promenadenbummel mit Abstechern 56

Es brodelt und zischt im Untergrund 57
Drei rotierende Quadrate in der Engelenschanze 58
Wo gibt's schon ein Schinkendenkmal 59
Gefangene mußten Wasser pumpen 60
Ein Wasserbär brummt nicht 62
Fleischfressende Pflanzen hinter dem Schloß 63
Ein Stück der alten Stadtmauer 65

Großer Freizeitraum in Stadtnähe 67

Ein jahrhundertealter Traum 68
Eiskönige vermieteten rostige Schlittschuhe 69
Aasee-Schiffahrt mit dem Wasserbus 70
Die Schweißtropfenbahn macht müde 71
Als Wahrzeichen eine alte Bockwindmühle 72
Mehl für Waisenkinder in Agadir 73
Der Allwetterzoo lädt ein 74
Tiere zum Streicheln und Liebhaben 75
Delphine springen fünf Meter hoch 76

Attraktionen mit dem Fahrrad erreichbar 79

Wo eine große Dichterin lebte 80
Rundblick vom Longinusturm 81
Vor den Toren der Stadt 82
Ein Paradies aus zweiter Hand 83
Schiffe werden hochgepumpt 84
Kinder legen Radfahrerprüfungen ab 85
Marienwallfahrten nach Telgte 86
Trinkwasser aus der Heide 87

Zum Schluß wird's rätselhaft 88

Neugier ist gut

So eine Stadt kann wie ein Labyrinth sein oder wie ein Irrgarten. Es gibt unendlich viele Straßen mit Gehwegen und Radwegen, mit Querverbindungen, Kreuzungen und Plätzen. Rechts und links stehen hohe Häuser. Geschäfte, Büros und Wohnungen sind darin. Überall hetzen die Menschen, sausen Fahrräder, rasen Autos, Motorräder und Mopeds, schaukeln vollgestopfte Omnibusse entlang. Alle sind in Eile, niemand hat Zeit.

Und in diesem Trubel sollst du dich nun zurechtfinden. Möchtest nicht nur den richtigen Weg suchen, sondern auch noch besonders schöne Gebäude entdecken, Erinnerungsstücke aus früheren Zeiten bewundern, Naturdenkmäler, seltsame und einmalige Dinge aufspüren.

Es gibt Leute, die ein ganzes Leben lang in einer Stadt wohnen und für die vielen Einzelheiten, die rechts und links an ihrem täglichen Weg liegen, gar keinen Blick haben. Die sind zu bedauern. Ob man ihnen aber noch helfen kann? Ich weiß es nicht. Wir jedenfalls wollen einfach losziehen.

In jedem Kind steckt ein Forscher und Entdecker. Fremde Landschaften und Städte, die unbekannte Tier- und Pflanzenwelt, andere Sitten und Gebräuche, seltsame Wörter und Gerüche ziehen uns ganz einfach an. Wir möchten den Dingen auf den Grund gehen, Ursachen und Zusammenhänge erfahren, mehr wissen von unserer Welt.

Neugier ist gut. Eine Frage kann der Anfang von großartigen Entdeckungen sein. Laßt euch also nicht abhalten, eure Fragen zu stellen. Seid hartnäckig! Jede Frage ist berechtigt. Es gibt keine dummen Fragen. Es gibt nur ratlose und faule Mitmenschen.

Mit diesem Buch wollen wir gemeinsam die Stadt Münster entdecken. Dabei ist es egal, ob wir hier zu Hause sind oder ob wir als Besucher für einige Tage nach Münster gekommen sind. Laßt uns ganz einfach losziehen. Am besten prägt sich ein, was man mit eigenen Augen gesehen, mit eigenen Händen betastet, mit eigenen Ohren gehört, selbst geschmeckt und gerochen hat.

Dieses Buch hat vorn einen Ausschnitt des Stadtplanes, auf dem wichtige Stationen unserer Entdeckungsreise durch Münster zu sehen sind, hinten gibt es außerdem einen Übersichtsplan der weiteren Umgebung der Stadt. Auf viele Fotos haben wir bewußt verzichtet. Ihr sollt euch möglichst ein eigenes Bild machen.

Wir wollen am Domplatz starten, weil der Dom der Mittelpunkt der Stadt ist, weil wir wohl jeden Münsteraner nach dem Weg dorthin fragen können und weil wir ihn leicht selbst wiederfinden.

Riesengroßer Paulus-Dom

Riesengroßer Paulus-Dom

Egal, von welcher Seite wir kommen, ob zu Fuß, mit dem Fahrrad, in einem Auto oder einem Omnibus: der Dom zu Münster ist nicht zu übersehen. Er wirkt riesenhaft und ist ein bißchen geheimnisvoll.

Wenn wir nicht gerade an einem Mittwoch- oder Samstagvormittag hier sind, dann wird nämlich auf dem Domplatz Markt abgehalten, können wir den Dom in Ruhe aus der Ferne betrachten. Der weite Domplatz mit der historischen Pflasterung sorgt für Abstand. Die dicken Sandsteinmauern mit den mächtigen Türmen und den kupfergrünen Dachhauben können uns regelrecht erschauern lassen.

Der Dom ist wie wohl die meisten alten Kirchen in Ost-West-Richtung erbaut und hat den Hauptaltar im Osten. Im Westen erheben sich die beiden wuchtigen Türme. Zwischen ihnen befand sich früher der Haupteingang, ein feierliches Portal. Beim Wiederaufbau des Domes nach dem Krieg hat man diese Seite zugemauert und mit einem Kranz kleiner Rundfenster versehen. Die Bürger Münsters waren damit eigentlich gar nicht einverstanden, sie schimpften und spotteten und bezeichneten diesen Umbau als Telefon-Wählscheibe oder Seelenbrause. Inzwischen haben sie sich aber wohl daran gewöhnt.

Ein paar Besonderheiten des Domplatzes können wir noch entdecken. Hier ist die einzige Stelle in der Stadt, an der wir regelmäßig Tauben sehen. Sie picken die Reste von den Marktständen

auf, lassen sich aber auch füttern.

Mein Geheimtip sind außerdem die Wasserstellen auf dem Domplatz. Eine davon befindet sich gegenüber dem Postgebäude, die andere an dem östlich gelegenen kleinen Parkplatz. Aus beiden niedrigen Zapfstellen kommt gutes Trinkwasser. Sie wurden angelegt für die Händler auf dem Markt. Trinkwasser sprudelt auch aus dem Brunnen gegenüber dem Westfälischen Landesmuseum für Kunst und Kulturgeschichte.

Und noch etwas: Auf dem Domplatz gibt es auch eine unterirdische öffentliche „Bedürfnisanstalt". Wenn man stundenlang in einer Stadt herumläuft, muß man bestimmt mal. Weitere Toiletten sind am Ludgeriplatz und im Hauptbahnhof.

Rund um den Dom, der dem Apostel Paulus geweiht ist, befinden sich wichtige öffentliche Gebäude: neben dem Landesmuseum die Bundespost und der silbrig glänzende Bau der Bezirksregierung Münster, zur anderen Seite hin ein Gebäude der Universität. Etwas weiter westlich, direkt gegenüber den beiden Türmen des Domes, steht das Palais des katholischen Bischofs von Münster, in dem neben den eigentlichen Wohnräumen auch Verwaltungsbüros untergebracht sind. Das Palais ist nach außen hin mit einem schönen geschmiedeten Eisengitter abgeschlossen.

Die am Dom tätigen Geistlichen, die Domherren, wohnen in Kurien. Von diesen prachtvollen Gebäuden sind einige erhalten.

Hereinspaziert ins Paradies

Der Dom selbst ist ein Symbol für den Glauben der Katholiken. Er ist die Hauptkirche des Bistums Münster, das vom nördlichen Ruhrgebiet bis zur Nordsee reicht. Die Stadt Münster ist von altersher überwiegend katholisch. So waren 1840 von hundert Einwohnern 90 katholisch und neun evangelisch, 1937 waren von hundert Bürgern 76 katholisch und 22 evangelisch und Anfang der achtziger Jahre 69 katholisch und 28 evangelisch.

Münsters Dom stammt aus dem 13. Jahrhundert. Er wurde angelegt wie eine Burg, in die man bei Notzeiten vor Feinden flüchten konnte. Deshalb erhielt er auch die dicken Türme und den mächtige Baukörper: eine Bauweise, die wir *romanisch* nennen.

In späteren Jahrhunderten erweiterte man den Dom entsprechend dem sich geänderten Denken und Fühlen der Menschen und fügte den Kranz der Kapellen und das Eingangsportal neben den Domtürmen mit den aufwärts strebenden Verzierungen hinzu. Dies entspricht dem Baustil der *Gotik,* wo sich die Menschen nicht zu Gott in ihrer Mitte, sondern „himmelanstrebend" wandten.

Wir wollen den Dom durch das prachtvolle Eingangsportal neben den Türmen betreten. Es wird *Paradies* genannt. In dieser Vorhalle zum Dom fallen uns zuerst die mächtigen, aus Sandstein gemeißelten Figuren auf. Direkt am Mittelpfosten, unterhalb des würdevoll thronenden Christus als Weltenrichter, ist der heilige Paulus mit dem Schwert und einem wie vom Wind aufgeblähten Gewand. Rechts und links von ihm stehen die Figuren von zehn Aposteln.

Außerdem entdecken wir links die Figur Karls des Großen mit Reichsapfel, Zepter und Krone. Zu Füßen der Apostel und des Kaisers befindet sich ein fein gemeißelter Rankenfries mit lustigen Musikanten, Jagdszenen, Darstellungen des Akkerbaues, der Weinlese, mit Tieren und Fabelwesen.

Im Paradies hat der Bischof, als er auch noch weltlicher Herrscher war, Gericht gehalten. Daraus ist die Bezeichnung für diesen Vorraum abzuleiten. Eigentlich ist für uns ja das Paradies der Garten der Verheißung, aus dem Adam und Eva nach dem Sündenfall vertrieben wurden. Wir erinnern uns an die Geschichte mit der Schlange und dem Apfel. Seit frühchristlicher Zeit nannte man auch den Vorhof großer Kirchen Paradies.

Hereinspaziert: hier stand der Reinigungsbrunnen, war Prozessionsstation und Versammlungsort für Büßer und für kirchliche Verkündigungen.

Wir sollten auch noch einen Blick auf die ausgehängten Fotos werfen. Sie zeigen, wie stark der Dom im Zweiten Weltkrieg zerstört wurde. Damals haben viele bezweifelt, daß es möglich wäre, den Dom jemals wiederaufzubauen. Die Opfer vieler gläubiger Menschen, die Erlöse aus Dombaulotterien und der zähe Fleiß der Bauleute brachten es dann doch zuwege. Im Oktober 1956 war der Dom neu vollendet, zwölf Jahre nach der Zerstörung durch Sprengbomben und Brandbomben.

1265, als dieser Dom ursprünglich eingeweiht wurde, hatte man für den Bau vierzig Jahre gebraucht.

Ein knorriger Baum als Spazierstock

Wenn wir in den Dom eintreten, sind wir sicherlich überrascht von der Größe und Weiträumigkeit dieser Kirchenhalle. Sie ist gut hundert Meter lang und wird von riesigen Gewölben überspannt.

In so einen Raum paßt auch die aus Stein gemeißelte Figur des heiligen Christophorus, die acht Meter hoch ist. Wenn man zu diesem Nothelfer der katholischen Kirche, zum Schutzpatron der Piloten, Kraftfahrer und Schiffer aufschaut, kann man der Legende wohl glauben, nach der solch ein Riese das Christuskind durch einen reißenden Strom trug und zum Dank getauft wurde.

Achtet auch einmal auf den knorrigen Baum, den unser Christophorus in der Hand hält. Es ist tatsächlich ein richtiger Baum mit Wurzelwerk und verzweigten Ästen. Ganz genau: ein Birnbaum, der traditionsgemäß aus dem Tiergarten des Vorortes Wolbeck stammt.

Wie hat man diesen Baum wohl in die geschlossene Hand aus Stein geschoben, die sich ja nicht öffnen läßt? Indem man ihn durchgesägt und unterhalb der Hand wieder zusammengeleimt hat. Wer ganz scharfe Augen hat, kann die Trennlinie sogar sehen.

Gehen wir jetzt weiter, dann finden wir direkt gegenüber dem Paradieseingang eine schlichte Holztür. Sie führt auf einen Kreuzgang, wie man ihn von mittelalterlichen Klöstern her kennt und wo die Priester ihre täglichen Gebete sprachen. Der Innenraum hier ist der Domherrenfriedhof. Wir können über ihn hinweg gehen zur anderen Seite des Kreuzganges. Die Grabsteine erzählen

von Weihbischöfen, Dompropsten und anderen kirchlichen Würdenträgern, die den Bischöfen zur Seite gestanden haben und hier beerdigt wurden.

Wenige Minuten später stehen wir wieder in der großartigen Kirchenhalle. Wir gehen um den Hauptaltar herum. Ein Kranz von Kapellen öffnet sich. Sie sind geschmückt mit schönen Bildern und Plastiken und enthalten die Gräber bedeutender Bischöfe.

DER LÖWE VON MÜNSTER

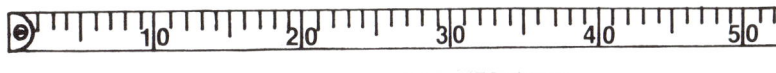

Eine der im Osten hinter dem Hochaltar des Domes liegenden Kapellen ist ständig mehr als die anderen mit Blumen und brennenden Kerzen geschmückt. Stille Beter knien am Boden. Hier wurde Kardinal Clemens August Graf von Galen begraben. Man nannte ihn den Löwen von Münster wegen seines Mutes, den er während der Zeit des Nationalsozialismus in Deutschland bewiesen hat.

Clemens August Graf von Galen erhielt 1933, im selben Jahr, als Adolf Hitler in Berlin die Macht ergriff, die Bischofsweihe. Er gehörte einem alten westfälischen Adelsgeschlecht an, aus dem bereits zwei andere münstersche Bischöfe hervorgegangen waren.

Ein Bischof legt sich zu Beginn seiner Herrschaft über die Katholiken seines Bistums einen Wappenspruch zu, an den er sich ständig halten will. Clemens August wählte: *Nec laudibus – Nec timore,* was bedeutet, daß „weder Lob noch Furcht" ihn in seinem Handeln beeinflussen könnten. Entsprechend diesem Wahlspruch lebte er denn auch. Er kämpfte um den Erhalt katholischer Klöster und Einrichtungen sowie für die Beachtung der christlichen Gebote im Alltag. Seine Predigten gegen die Tyrannei der nationalsozialistischen Machthaber brachten für ihn persönlich auch große Gefahren. So wurde er von der gefürchteten geheimen Staatspolizei überwacht und mußte mit Verhaftung und Tod rechnen. Er aber kümmerte sich nicht darum.

Sein mutiges Auftreten wurde über Deutschland hinaus auch im Ausland beachtet. Die Predigten wurden heimlich vervielfältigt und abgeschrieben und von Hand zu Hand weitergegeben.

Nach dem Krieg ernannte man ihn in Rom zum Kardinal. Außerdem wurde er Ehrenbürger von Münster. Kurze Zeit später, nach seinem vom Volk bejubelten Einzug in Münster, starb er an einer zu spät erkannten Blinddarmentzündung.

Clemens August Graf von Galen war auch äußerlich ein stattlicher Mann. Bei seiner Körpergröße von 1,98 m benötigte er immerhin die Schuhgröße 52. Unter den Linden vor dem Dom steht ein Denkmal von ihm.

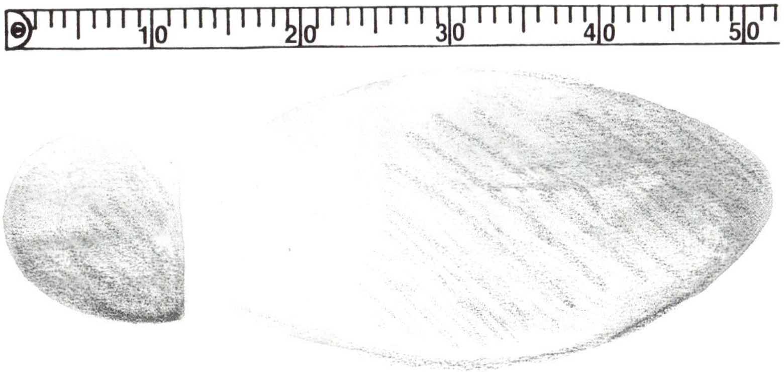

Mehr als nur die Uhrzeit

Im Bereich der Kapellen des Domes befindet sich auch die astronomische Domuhr. Sie wird vor allem mittags um zwölf Uhr von vielen Menschen umlagert. Stellen wir uns doch ganz einfach dazu.

Genau zur Mittagszeit kommt Leben in die Figuren: rechts oben schlägt die Figur des Todes viermal mit dem Hammer gegen die Glocke. Daneben steht der bärtige Chronos. Er ist Künder der fliehenden Zeit und trägt in der einen Hand die Sense, in der anderen eine Sanduhr, die er umdreht. Auf der linken Seite wendet sich der Wächter mit dem Tutehorn zu der neben ihm stehenden Frau, die jeden Hornstoß mit einem Schlag gegen die Glocke bestätigt, die zwischen ihnen hängt.

Nach dem zwölften Schlag beginnt der Opfergang der Heiligen Drei Könige. Sie ehren das Christuskind auf dem Schoße der Gottesmutter, die oben unter dem Giebel thront.

Zunächst erscheint der Stern von Bethlehem. Dann öffnet sich rechts eine kleine Tür, aus der die Könige mit zwei Dienern heraustreten. Die Könige wenden sich einzeln zu der Gottesmutter und zu dem Christuskind und verneigen sich, wobei sie die rechte Hand an die Krone legen und mit der linken Hand ihr Geschenk darbieten.

Das Christuskind folgt den Bewegungen mit langsamem Wenden des Kopfes. Während des Umzugs spielt ein Glockenspiel die Weihnachtsmelodie „In dulci jubilo".

Die mittelalterliche Malerei im Hintergrund zeigt sich drängelnde, neugierige und gespannte Zu-

schauer. So ähnlich mag es früher vor der Uhr ausgesehen haben, da, wo wir jetzt stehen.

Zu den interessanten Einzelheiten der Domuhr gehört auch das Kalendarium hinter dem schmiedeeisernen Gitter. Zwölf Monatsbilder stellen das Leben im Ablauf eines Jahres dar. In der Mitte steht der heilige Paulus, der Schutzpatron des Domes, mit Bibel und Schwert. Sein Schwert zeigt auf den jeweiligen Monat.

Der Ritter unten links deutet mit seiner Lanze auf den Tag mit dem Tagesheiligen. Mit dem Nachlesen werden wir allerdings wohl Schwierigkeiten haben, da alles lateinisch aufgeschrieben wurde.

Eine Uhr dient in erster Linie zum Ermitteln der Tageszeit. Aber fragt mal die Leute, die da vor der Domuhr stehen, wie spät es ist. Nur so zum Spaß. Fast alle werden euch groß ansehen und ihre Armbanduhr oder Taschenuhr zu Rate ziehen.

Wenn das nicht eine komische Situation ist! Da steht man vor einer der berühmtesten Uhren Europas, vergleichbar den Uhren in Straßburg oder Prag, und guckt dann doch auf seine armselige Armbanduhr, um festzustellen, wie spät es ist.

Nun, zugegeben, das Ablesen der astronomischen Domuhr ist zumindest ungewöhnlich. Man muß nämlich wissen, daß die Uhr nur einen großen Zeiger hat, der sich quer über das Ziffernblatt dreht und an der Spitze mit einer goldenen Sonne verziert ist. Das Ziffernblatt ist anders als bei den gewöhnlichen Uhren in 24 Stundenabschnitte aufgeteilt.

Oben, im Süden, ist die römische Zwölf. Wenn der Zeiger mit der Sonne dorthin zeigt, ist es zwölf Uhr mittags. Der Zeiger bewegt sich nun, auch anders als üblich, nach links herum. Wir sehen die einzelnen Teilstriche. Wenn der Zeiger ganz links steht, im Westen, ist es sechs Uhr abends. Unten ist es zwölf Uhr oder Mitternacht. Rechts außen, im Osten, ist es sechs Uhr morgens. Die einzelnen Stundenmarkierungen sind unterteilt, so daß man auch die Zwischenzeiten einigermaßen ermitteln kann. Auf fünf oder zehn Minuten kam es früher ja nicht so an.

Nun kann man auf der Domuhr noch den Lauf der Planeten und einiger Fixsterne, den Stand des Mondes sowie andere interessante Dinge ablesen. Aber dazu muß man wohl Experte werden. Wir wollen statt dessen noch einmal einen Schritt zurücktreten und das gesamte Kunstwerk auf uns wirken lassen. Es vermittelt uns mehr als nur die Uhrzeit.

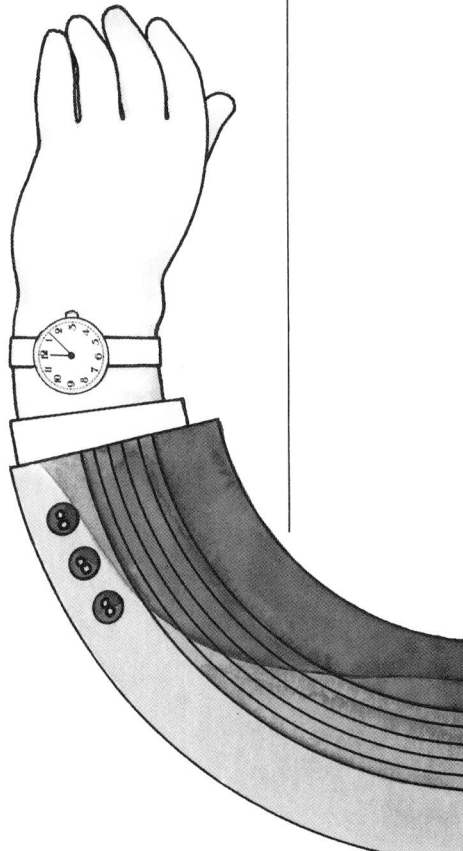

Klostergründung des heiligen Ludgerus

Wenn wir den Ausgang schräg gegenüber der Domuhr benutzen und dann linksherum gehen, kommen wir an dem Bronzestandbild des Kardinals von Galen vorbei an die Nordseite des Domes. Zwischen Neubauten deuten hier ein paar wiedergefundene Mauerreste auf die Anfänge des Bischofssitzes Münster hin.

Münster wurde nämlich vom heiligen Liudger (lateinisch Ludgerus), der von Karl dem Großen ausgesandt war, als Kloster gegründet. Aus der Bezeichnung *Monasterium* (das ist das alte Wort für das Kloster der Mönche) hierfür entwickelte sich allmählich der Name Münster. Ludgerus hatte den Auftrag, die in diesem Gebiet lebenden germanischen Brukterer zu missionieren. Ludgerus wurde 805 zum Bischof geweiht, zugleich erhob Karl der Große sein Missionsgebiet zum Bistum.

Der erste Dom, der vom heiligen Ludgerus errichtet wurde, war, verglichen mit dem jetzigen Dom, eher ein bescheidenes Kirchlein. Von 1064 bis 1084 baute man den zweiten Dom, der einem Brand zum Opfer fiel. Der dritte und jetzige Dom entstand an gleicher Stelle.

Die Schätze des Domes werden in einem besonderen Museum gezeigt. Unter ihnen ist ein kupferner Kelch des heiligen Ludgerus.

Von Anfag an waren Dom und Kloster zugleich auch eine wehrfähige Burg mit Mauer und Wassergraben. Der Dombezirk zeichnet sich noch heute als Mittelpunkt und Anfang der Stadt ab. Er ist zu erkennen an dem Straßenrund entlang der früheren Befestigung: Rothenburg, Prinzipalmarkt, Roggenmarkt, Bogenstraße, Spiekerhof.

Zu den besonderen Rechten, die dem neuen Bistum vom Kaiser verliehen wurden, gehörte auch das Marktrecht. Noch heute findet allwöchentlich am Mittwoch- und Samstagvormittag ein Markt auf dem Domplatz statt.

Nach der Marktordnung der Stadt Münster dürfen nur rohe Naturerzeugnisse außer größerem Vieh sowie Bäumen und Sträuchern mit Wurzeln, Erzeugnisse der Land- und Forstwirtschaft, des Garten- und Obstbaues und der Fischerei, Erzeugnisse, deren Herstellung zu den Nebenbeschäftigungen der Landleute des Münsterlandes gehört, mit Ausnahme geistiger Getränke, und frische Lebensmittel aller Art verkauft werden.

Unmittelbar vor dem Dom aber, an der abgesetzten anderen Pflasterung zu erkennen, stehen Händler, deren Warenangebot nicht den städtischen Vorschriften entspricht. Sie dürfen ihre kunstgewerblichen Artikel, Töpferwaren und Spezialitäten nur deshalb verkaufen, weil ein Rest der alten Domfreiheit in unserer modernen Zeit erhalten geblieben ist.

EIN RATHAUS MIT GEHEIMNISSEN

EIN RATHAUS MIT GEHEIMNISSEN

Neben dem Paulus-Dom hat für Münster das Rathaus eine besondere Bedeutung. Es ist ein berühmtes Baudenkmal: Hier wurde nach dem Dreißigjährigen Krieg über den Westfälischen Frieden verhandelt, vom Rathaus aus wird wie in früheren Zeiten die Stadt regiert.

Außen am Rathaus ist wie an anderen öffentlichen Gebäuden eine Erläuterungstafel aus Bronze angebracht, die wichtige Angaben enthält.

Münsters Rathaus birgt aber auch eine Fülle von Geheimnissen aus seiner Vergangenheit. Wir können heute noch das Gruseln lernen.

Zu drei verschiedenen Tagen im Jahr wird außen am Rathausgiebel ein hölzerner Arm mit einem Schwert herausgehängt. Das ist das *Sendschwert* und soll auf die besondere Gerichtsbarkeit in dieser Zeit hinweisen. Wer zum Schwerte griff bei einem Streit, konnte früher auch mit dem Schwert bestraft werden. Dieben wurde die rechte Hand abgeschlagen.

Heute hängt das Sendschwert natürlich nur zur Erinnerung da draußen. Es zeigt zugleich an, daß *Send* ist in der Stadt, ein buntes Volksfest mit Nervenkitzel, Karussells, Schießbuden, Geisterbahn, Losverkäufern, heißen Würstchen, Türkischem Honig, gebrannten Mandeln und Verkaufsständen.

Anderswo heißt solch ein Treiben Kirmes. In Münster geht es zurück auf die Synoden des Bischofs, zu denen die Geistlichen des gesamten Bistums zusammengerufen wurden.

Mit ihnen kamen Händler, Kaufleute, Zauberkünstler. Die Bezeichnung Send hat sich aus dem Wort Synode entwickelt.

Der Send findet in unserer Zeit im Frühjahr, Sommer und Herbst statt, jeweils von Donnerstag bis Montag auf dem Hindenburgplatz vor dem Schloß.

Folterwerkzeug und Schwerter

Das Rathaus ist vor allem bekannt wegen seines wunderschönen Giebels. Er wurde im Stil der Gotik mit den aufwärtsstrebenden Linien erbaut. Oben befinden sich eine Königsfigur und ein Marienschrein, auf den zierlichen Spitzen stehen musizierende Engel.

An der Außenwand des Rathauses befindet sich auch eine halbe preußische Elle; ein altes Längenmaß ist das. Es ist genau 166 Zentimeter lang. Wer will, kann das nachmessen.

Im Innern des Rathauses ist der Friedenssaal, der im Jahr hunderttausend Besucher anzieht.

Wenn wir das Rathaus betreten, kommen wir zuerst in die Bürgerhalle. Hier fallen uns zwei Ritterrüstungen auf, die in einer Ecke stehen. Daneben an der Wand sind verschiedene Schwerter, Lanzen und Zangen befestigt.

Ein riesiges Schwert, das größer ist als ein ausgewachsener Mann, mag vielleicht die meiste Aufmerksamkeit erregen und uns erstaunen lassen. Ob mit ihm wohl ein Hüne in den Kampf gezogen ist? Wer sollte dieses Schwert allein tragen können? Des Rätsels Lösung: Es handelt sich bei diesem Monstrum gar nicht um eine Waffe, sondern um ein Vortrageschwert, das bei feierlichen Umzügen vorgeführt wurde. Die Schwerter und Lanzen, die außerdem zu sehen sind, wurden im Mittelalter als echte Waffen benutzt.

In der Bürgerhalle des Rathauses wird das schöne Modell einer Hanse-Kogge aufbewahrt. Dieses Segelschiff erinnert an die Zeit, als Münster dem Bund der Hanse angehörte, einer Ver-

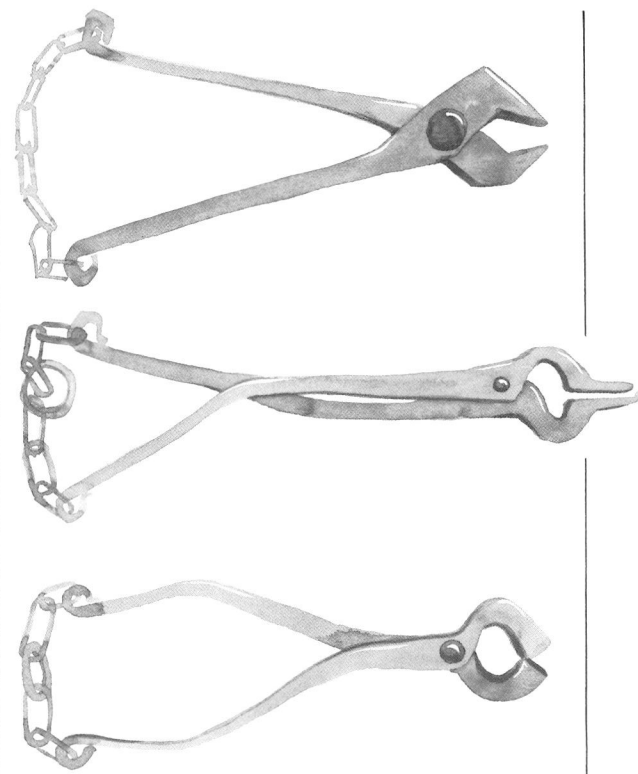

einigung von Handelsstätten.

Eine ganz besondere Geschichte hängt mit den Zangen an der Mauerwand zusammen. Sie gehören zu dem Folterwerkzeug, mit dem die *Wiedertäufer* vom Leben zum Tod gequält wurden. Dazu waren die Zangen glühend gemacht worden. Und mit den glühenden Zangen hat man den Wiedertäufern Fleischfetzen aus dem lebenden Leib gerissen.

Ganz schön grausig! Aber gefoltert wurde und wird zu allen Zeiten. Und die Wiedertäufer kann man auch nicht als Unschuldslämmer bezeichnen ...

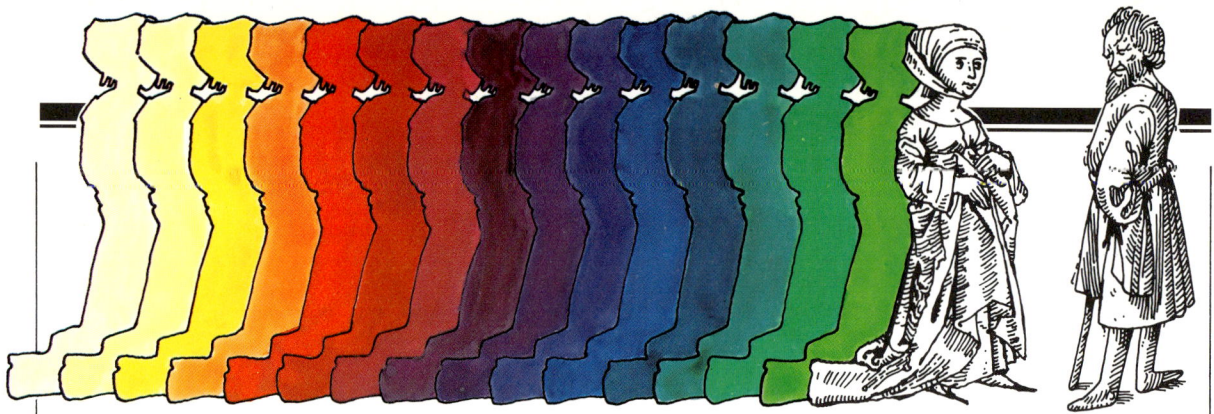

Mit sechzehn Frauen verheiratet

Nach der Reformation durch Martin Luther gab es in ganz Europa religiöse Unruhen. Die Leute stritten um den „wahren" Glauben, aber auch für mehr Gerechtigkeit traten sie ein. In Münster hatte der Prediger Bernhard Rothmann für Streit gesorgt. Er und seine Anhänger setzten durch, daß die evangelische Lehre in sechs Pfarrkirchen zugelassen wurde.

Als sich der Prediger wenig später der neuen Lehre der *Täufer* zuwandte, folgte ihm auch hierbei seine Gemeinde. Die Täufer waren weit verbreitet in Ostfriesland und im benachbarten Holland. Sie lehnten die Taufe der Kinder ab und führten statt dessen die Erwachsenentaufe ein; die Leute nannten die Täufer deshalb Wiedertäufer, was als Schimpfwort gedacht war.

In Münster sammelten sich viele Anhänger der Lehre der Wiedertäufer. Hier wollten sie ihr tausendjähriges Reich einrichten. Jan Matthys war ihr radikaler Führer geworden. Er ließ alle, die nach seiner Meinung ungläubig waren, aus der Stadt vertreiben oder zwang sie zur Massentaufe.

Währenddessen hatte der Bischof vor den Toren der Stadt ein Kriegsheer versammelt. Die Söldner rannten jedoch vergeblich gegen die Befestigungswerke an. Die Wiedertäufer hatten die Wälle und Schanzen vorzüglich ausgebaut, wobei sie auch steinerne Figuren aus den Kirchen benutzten. Die Hauben der Kirchtürme wurden von ihnen abgebrochen, damit sie oben Kanonen aufstellen konnten. Bei alledem beriefen sich die Wiedertäufer auf Offenbarungen Gottes. Ein geeignetes Mittel, um die Gefolgschaft der Leute sicherzustellen.

Einmal glaubte Jan Matthys gar, der himmlische Vater hätte ihm versprochen, daß er allein die Feinde vertreiben könne. Er zog deshalb mit wenigen Getreuen vor ein Stadttor. Aber er muß sich wohl geirrt haben mit seinem Traum, denn ein Söldner durchbohrte ihn mit einer Lanze.

Die Verteidigungskraft der Wiedertäufer war dennoch nicht gebrochen. Jetzt riß Jan van Leiden die Macht an sich, setzte sich selbst die Königskrone auf den Kopf und ernannte Bernd Knipperdolling zu seinem Scharfrichter und Bernhard Krechting zu seinem Kanzler. Außerdem verkündete er, daß es der Wille Gottes sei, wenn jeder Mann mehrere Frauen nehme. Er selbst war mit sechzehn Frauen verheiratet.

Als eine von ihnen Kritik an ihm übte, schlug er ihr vor dem Rathaus eigenhändig den Kopf ab. Danach tanzte er mit den übrigen Frauen um die Leiche herum.

Die verdorrte Hand

Draußen ließ der Bischof Franz von Waldeck den Belagerungsring immer enger ziehen. Unterstützung kam dabei von benachbarten Fürsten in Kleve und Köln und sogar vom lutherischen Landgrafen Philipp von Hessen. Der Reichstag hatte 150000 Gulden bewilligt.

In der Stadt brach eine große Hungersnot aus.

Die Münsteraner aßen sogar Hunde, Katzen und Ratten.

Straßen und Plätze wurden umgepflügt und in Äcker verwandelt. Aber trotz aller Not verstanden es die Täufer, ihre Gemeinde weitgehend folgsam zu halten. Es gab zwar einmal einen Aufstand. Der wurde aber blutig niedergeschlagen. 53 Bürger fanden dabei den Tod durch Hinrichtung.

Gegenüber dem zusammengesuchten und bunten Söldnerheer des Bischofs herrschte innerhalb der Stadt eine strenge Ordnung. Der endgültige Sieg des Bischofs über die Wiedertäufer war deshalb auch nur möglich durch Verrat. In der stürmischen und regnerischen Johannisnacht, am 24. Juni 1535, gelang es den beiden Bürgern Heinrich Gresbeck und Hensken von der Langenstrate, einen Stoßtrupp in die Stadt zu holen. Trotz heftiger Gegenwehr der Täufer konnten weitere Söldner des Bischofs nachfolgen. Es gab ein großes Gemetzel mit unzähligen Toten. Jan van Leiden, Bernd Knipperdolling und Bernhard Krechting wurden gefangengenommen.

Der Bischof ließ die Anführer der Wiedertäufer

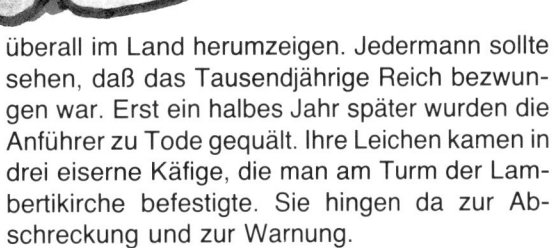

überall im Land herumzeigen. Jedermann sollte sehen, daß das Tausendjährige Reich bezwungen war. Erst ein halbes Jahr später wurden die Anführer zu Tode gequält. Ihre Leichen kamen in drei eiserne Käfige, die man am Turm der Lambertikirche befestigte. Sie hingen da zur Abschreckung und zur Warnung.

Eine verdorrte Hand, die angeblich von einem der Wiedertäufer stammt, befindet sich auch im Rathaus. Wir können sie im Friedenssaal sehen und uns dabei mit Schaudern vorstellen, wie sie auf öffentlichem Platze abgehackt worden ist.

Feierlichkeit, die beeindruckt

Wer den Friedenssaal betritt, kommt in einen Raum, der fast genau so auch vor über dreihundert Jahren aussah. Rundum aus dunklem Holz das Gestühl, an einer Stirnwand der Bürgermeistertisch, dahinter Wandschränke und eine Holzvertäfelung. Gegenüber ein großer Kamin, von der Decke hängt ein reich verzierter Kronleuchter, und von der Wand gegenüber der Fensterseite blicken strenge Gesichter auf uns herab. In der Luft liegt ein Geruch von Kerzenwachs, denn bei wichtigen Anlässen wird der Raum auch heute noch mit Kerzen erleuchtet.

Ganz schön feierlich hier. Das kann einen Besucher sehr beeindrucken, weil er so eine Stimmung von modernen Bauten her nicht kennt.

Nun ist der Friedenssaal tatsächlich Münsters größte Sehenswürdigkeit. Er war ursprünglich der Sitzungssaal des Rates der Stadt. Und hier wurde außerdem Gericht gehalten. Auf den Sitzbänken saßen die Ratsherren oder die Schöffen. In den Fächern des Schrankes hinter dem breiten Tisch des Oberbürgermeisters oder Richters wurden wichtige Akten aufbewahrt.

Wenn hier Gericht gehalten wurde, schob man die Schranke, die jetzt vor dem Kamin steht, in die Mitte des Raumes. Sie diente als Gerichtsschranke, hinter der die Angeklagten stehen mußten. Der Spruchbalken unter der Decke erinnerte den Richter daran, immer beide Parteien zu hören. Ein Schwur wurde auf das alte Kreuz hinter dem Richtertisch abgelegt. Dieses Kreuz wird heute noch benutzt, wenn der Oberbürgermeister, die Ratsherren oder hohe städtische Beamte vereidigt werden.

Der Friedenssaal wurde wie das übrige Rathaus im letzten Krieg zerstört. Da man die wertvolle Einrichtung jedoch vorher ausgebaut und auf dem Lande gelagert hatte, konnte man sie 1948, zur Dreihundert-Jahr-Feier des Westfälischen Friedens, unversehrt der Öffentlichkeit zugänglich machen. Lediglich der Kamin, den man nicht ausbauen konnte, wurde zerstört. Man holte ersatzweise den Kamin aus dem Krameramtshaus hierhin.

Als Trinkgefäß ein goldener Hahn

Zu den bestaunenswerten Dingen des Friedenssaales gehören auch die Schnitzarbeiten an den Schranktüren hinter dem Bürgermeistertisch. Da kämpft der Ritter Georg gegen einen Drachen, kommt der Prophet Jonas nach drei Tagen aus dem Bauch des Fisches zurück, sitzt ein Zecher im tiefen Keller, predigt der heilige Ludgerus den Gänsen, damit sie nicht mehr die Feldfrüchte auffressen.

Ein anderes geschnitztes Schrankbild erzählt von den Weibern von Weinsberg. Als deren Stadt von Feinden umstellt war, ließ man sie als einzige nach draußen. Den Teil ihres Besitzes, der ihnen am liebsten war und auf den Schultern getragen werden konnte, durften sie mitnehmen. Da beluden sie sich mit ihren Männern und schleppten sie in die Freiheit.

Die Sinnlosigkeit des Krieges ist ebenfalls auf einem Bild dargestellt: Zwei Männer kämpfen mit dem Schwert gegeneinander.

Sie halten beide einen abgeschlagenen Kopf an den Haaren. Es ist der Kopf des Gegners, der zugleich der eigene Kopf ist. Ein Sinnbild dafür, daß jeder Krieg mörderisch und selbstmörderisch ist. Einer der Schränke steht offen und ist von innen beleuchtet. In ihm steht ein goldener Hahn. Um den goldenen Hahn rankt sich eine besondere Geschichte: Als die Stadt Münster lange Zeit von einem feindlichen Heer belagert war und bereits große Hungersnot herrschte, entwischte einem Ratsherrn der letzte Hahn, den er gerade heimlich schlachten wollte. Der Hahn flog krächzend auf die Stadtmauer. Als die Feinde ihn dort sahen, sagten sie: „Wenn die noch solch stattliche Hähne haben, dann werden wir sie wohl lange nicht aushungern können." Sie verloren die Geduld und zogen ab.

Zur Erinnerung an diesen Hahn, der die Stadt gerettet hat, stiftete der Rat den Goldenen Hahn, ein aus Silber getriebenes und vergoldetes Trinkgefäß. In ihm reicht der Oberbürgermeister besonderen Gästen der Stadt einen Ehrentrunk. Dazu wird der Kopf des Hahnes abgenommen und der Rumpf mit Wein gefüllt.

DER WESTFÄLISCHE FRIEDE

Seinen Namen hat der Friedenssaal, seitdem hier verhandelt wurde, um das Morden und Plündern des Dreißigjährigen Krieges zu beenden. Während in Münster die Katholiken zusammensaßen, tagten in Osnabrück die protestantischen Kriegsgegner.

1618 hatte der Krieg begonnen, der ganz Europa verwüstete und den Völkern Elend und Schrecken brachte. Dabei ging es zunächst um die Frage des richtigen Glaubens. Aber der Religionskrieg war bald nur noch Vorwand für die Machtgelüste der einzelnen Fürsten, für die Sehnsucht der Kriegsherren nach Schlachtenruhm. Die durchziehenden Heere und Soldatenhaufen plünderten und raubten nach dem bösen Grundsatz, der Krieg müsse den Krieg ernähren, zumal die Kriegsherren oft mit den Soldzahlungen auf sich warten ließen.

Münster blieb vom Dreißigjährigen Krieg verschont. Die Stadt galt seit der Zeit der Wiedertäufer als uneinnehmbar. Außerdem kannte man im gesamten Reichsgebiet den von Everhard Alerdinck gezeichneten Plan der Festungswerke, auf dem die Verteidigungsanlagen Münsters ziemlich vergrößert dargestellt waren. Die Münsteraner hatten es geschickt verstanden, den Eindruck zu erwecken, daß ihre Wälle, Wassergräben und Stadtmauern tatsächlich so stark wären.

Die Stadt wurde 1643 für neutral erklärt. Mehr als hundert Gesandte des Kaisers, der Franzosen und Spanier zogen mit Gefolge ein. Insgesamt waren zehntausend Gäste unterzubringen, was ungefähr der damaligen Einwohnerzahl Münsters entsprach.

So viele Fremde brachten natürlich auch Leben

in die Stadt. Es gab prunkende Feste, Theateraufführungen und andere Lustbarkeiten. Die Münsteraner verdienten ihr Geld daran. Sie genossen es, daß die Völker Europas voller Sehnsucht nach Münster blickten und auf den Frieden warteten.

Die Verhandlungen erwiesen sich als überaus schwierig. Mal stritt man sich über die Sitzordnung, bevor man sich an einem Tisch niederließ. Dann konnte man sich nicht einigen, wer als erster durch die schmale Tür des Friedenssaales gehen sollte. Eine Verbreiterung des Eingangs hatte der Rat der Stadt abgelehnt. Oder es gab Verzögerungen, weil erst genaue Weisungen von den Regierungen eingeholt werden mußten und die Kuriere lange Zeit unterwegs waren.

Erst nach fünf Jahren war ein sichtbarer Erfolg zu verzeichnen. Da konnte am 15. Mai 1648 der Teilfriede zwischen Spanien und den Niederlanden abgeschlossen werden, ein fast achtzigjähriger Freiheitskampf gegen spanische Unterdrückung war erfolgreich beendet. Die Niederlande wurden ein freier, selbständiger Staat. Der Friedenssaal gilt seitdem als seine Geburtsstätte.

Der eigentliche Westfälische Friede wurde am 24. Oktober 1648 zugleich in Münster und in Osnabrück geschlossen. Siebzig Kanonenschüsse verkündeten ihn. Friedensreiter eilten hinaus und überbrachten die frohe Kunde. Im Dom feierte der Bischof einen Dankgottesdienst. Über dem Eingang des Friedenssaales wurden die Worte eingemeißelt: ,,Pax optima rerum" – ,,Friede ist das höchste aller Dinge". Die Gesandten des Friedenskongresses ließ der Rat der Stadt Münster in Öl malen. Ihre Bilder schmücken seitdem den Friedenssaal.

Gute Stube unter freiem Himmel

Gute Stube unter freiem Himmel

Wenn wir wieder aus dem Rathaus kommen, stehen wir auf dem *Prinzipalmarkt*. Es ist seit alters her eine bevorzugte Einkaufsstraße mit vornehm dekorierten Geschäften. Das aus dem Lateinischen stammende Wort „Prinzipal" weist darauf hin, daß wir hier die vornehmsten Kaufleute der Stadt finden.

Die Münsteraner nennen den Prinzipalmarkt liebevoll und gefühlsbetont ihre „Gute Stube". Einem Fremden mag das komisch vorkommen, zumal dann, wenn der freie Himmel hereinlacht.

Die Münsteraner lieben ihren Prinzipalmarkt. Zu Karneval schmücken sie ihn mit vielen bunten Fähnchen. In der Münster-Woche errichten sie hier Getränkestände und Würstchenbuden und lassen Musikkapellen zum Tanz aufspielen. Das Pflaster aus schwedischem Granit gilt als historisch wertvoll. Wenn irgendwelche Arbeiten im Untergrund notwendig sind, werden die Pflastersteine von den Arbeitern einzeln mit Kreideziffern versehen, damit sie anschließend wieder richtig zusammenpassen.

Der Prinzipalmarkt ist zurückzuführen auf das Marktrecht, das seinerzeit dem münsterschen Bischof vom Kaiser verliehen war. Neben dem Markt auf dem Domplatz und dem Send anläßlich des Priestertreffens wurden hier, direkt an der Mauer zur Domburg, ständig Waren angeboten und verkauft. Die Grundstücke am Prinzipalmarkt waren begehrt, sie sind deshalb auch besonders schmal.

Um ihren Kunden den Einkauf angenehm zu machen und sich selbst das Wegräumen der ausgelegten Waren bei Regenwetter zu ersparen, errichteten die Kaufleute die Bogengänge. In solch einer geschlossenen Form sind sie einmalig in Deutschland. Die einheitliche und großzügige Form wurde nach dem vernichtenden Stadtbrand von 1121 vorgenommen.

Eine beliebte und immer wiederkehrende Frage bei Stadtspielen oder beim einem heimatkundlichen Quiz: Wieviel Säulen haben die Bogenhäuser am Prinzipalmarkt? Hier die Antwort: Auf seiner Westseite hat der Prinzipalmarkt 73 Säulen, auf der Ostseite sind es nur 42 Säulen.

Wißt ihr denn auch, weshalb das Stadtweinhaus neben dem Rathaus und das sich anschließende Haus der Gastwirtschaft Stuhlmacher keine Bogengänge haben? Vor dem Stadtweinhaus befand sich früher die Stadtwaage, auf der die Pferdefuhrwerke mit ihren Waren gewogen wurden. Und die Pferdefuhrwerke benötigten den Platz zum Wenden.

Neben der Bürgerhalle und dem Friedenssaal, die wir beide kennengelernt haben, gibt es im Rathaus noch einen großen Festsaal und eine Rüstkammer. Im Festsaal tagt der Rat der Stadt, werden Konzerte und wichtige Vortragsveranstaltungen durchgeführt. Die Rüstkammer dient kleineren Feiern. Alle übrigen Räume werden gebraucht für die Sitzungen der Ausschüsse des Rates oder für Arbeitsgruppen der Stadtverwaltung.

EINEN BIERKRIEG GAB ES SOGAR

Münsters Prinzipalmarkt hat eine ganze Menge von Geschichten erlebt. Hier fand die Folterung der drei Anführer der Wiedertäufer statt, hier wurde bei anderer Gelegenheit getanzt und gefeiert. Und hier gab es sogar einen Bierkrieg — eine höchst merkwürdige Geschichte.

Vor rund hundert Jahren wollte der damalige Oberbürgermeister den Münsteranern „das Saufen ablernen". Er hatte nämlich festgestellt, daß das brave katholische Münster mit der Zahl seiner Gaststätten andere Städte weit übertraf. Die Festsetzung der Polizeistunde auf elf Uhr abends und damit die zwangsweise Schließung der Gaststätten sollte eine Besserung bringen.

Nach allgemeiner Ansicht war das ein ungeheurer Eingriff in die bürgerliche Freiheit. Man vermutete, daß der Regierungspräsident dahinter steckte, der einen Beamten hatte, der morgens immer zu spät zum Dienst erschien, weil er abends zu lange ins Bierglas schaute.

Als die Polizei nun in den Wirtschaften zum Feierabend ermahnte, zogen Bürger und Studenten auf den Prinzipalmarkt. Sie waren bewaffnet mit Sechsliterkrügen, den sogenannten „Bullenköppen", und mit Gläsern voller Bier. Sie sangen und grölten durcheinander und warfen den Polizisten, die für Ruhe und Ordnung sorgen wollten, Knallfrösche zwischen die Beine.

Der Tumult erreichte seinen Höhepunkt, als Studenten ein Ferkel mit brauner Seife beschmierten und laufen gelassen hatten. Das Tier war so glatt, daß alle Versuche, es einzufangen, fehlschlugen.

Um zwei Uhr nachts fuhr ein münsterscher Bierbrauer einen Wagen voll Flaschenbier zum Prinzipalmarkt. Die dankbaren Leute ließen den Spender hochleben und trugen ihn auf Schultern umher. Erst gegen vier Uhr morgens wurde man müde, ging heim und verabredete sich für den nächsten Abend.

Dieser Bierkrieg setzte sich mehrere Tage lang fort. Die Polizei holte sich Verstärkung von auswärts, verhaftete auch einzelne Bürger, sah im Grunde aber ziemlich hilflos aus. Dabei ärgerte die Leute wohl vor allem, daß die Obrigkeit auch nach Feierabend noch herumkommandieren wollte. Andererseits: ganz so ernst war der Protest dann doch wohl nicht gemeint. Eine ganze Menge Spaß am Klamauk und am Rummel spielte mit.

Immerhin siegten die Bürger beim münsterschen Bierkrieg. Nach einigen Tagen mußte der Oberbürgermeister der Stadt seine Anordnung über die Sperrstunde zurücknehmen. „In Münster wätt üöwerall wiar duörsuoppen" („. . . wird überall wieder durchgesoffen"), berichtete der Chronist. Höchst seltsame Zeiten waren das damals, kann man heute nur noch feststellen.

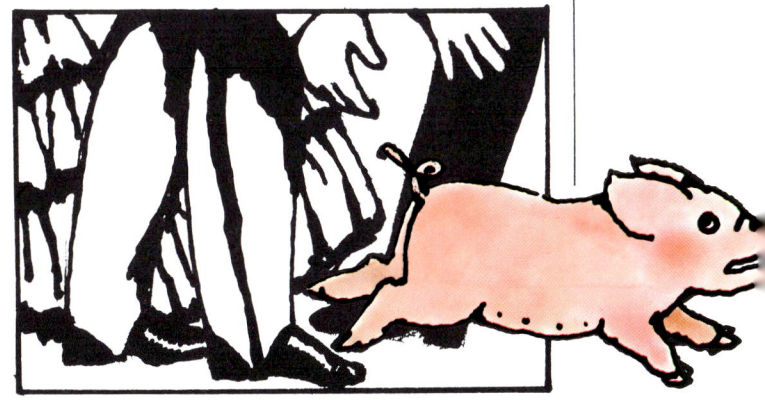

Lambertikirche mit den Käfigen

Den Abschluß des Prinzipalmarktes bildet die Rats- und Marktkirche St. Lamberti. Oberhalb der goldenen Uhr am Turm hängen die drei Käfige, in denen die Überreste der Wiedertäuferanführer zur Schau gestellt und den Raben zum Fraß überlassen wurden. Die Käfige sind inzwischen natürlich leer.

Nicht aus der Zeit der Wiedertäufer stammt dagegen der Turm der Lambertikirche. Der jetzige Turm wurde von 1887 bis 1898 nach dem Vorbild des Münsterturmes zu Freiburg errichtet. Bis dahin hatte die Lambertikirche einen etwa sechzig Meter hohen Turm, an dem jahrelang gearbeitet worden war. Dieser alte Turm mußte wegen drohender Einsturzgefahr abgerissen werden.

Sankt Lamberti war immer Rats- und Marktkirche, die Kirche der Bürger und Kaufleute, und sollte in geheimem Wettbewerb den Dom des Bischofs überragen. Die dem Prinzipalmarkt zugewandte Südseite der Kirche ist reich geschmückt mit hohen Fenstern, Strebepfeilern und mit drei besonders schönen Eingängen. Das rote Satteldach wirkt wie ein riesiges Zelt.

Krönender Abschluß der Lambertikirche sollte jedoch der neue Turm werden. Seine Erbauer wollten alle anderen Kirchtürme der Stadt, vor allem aber auch den Dom, übertreffen. Mit 99 Metern überragt die Lambertikirche tatsächlich alle anderen Türme der Innenstadt. Den höchsten Kirchturm der gesamten Stadt Münster hat Sankt Lamberti dennoch nicht. Der Turm der Herz-Jesu-Kirche an der Wolbecker Straße mißt 100 Meter und ist somit einen Meter höher als der Lambertikirchturm.

Das Innere von Sankt Lamberti überrascht die Besucher durch die Höhe des Kirchenraumes und durch die Helligkeit, die hier wegen der großen Fenster herrscht. Unter den Kunstwerken im Innern sind bemerkenswert eine Madonnenfigur von 1380, eine Statue des Christus an der Geißelsäule, ein Flügelaltar mit Bildern aus der biblischen Geschichte sowie zwei Gemälde von früheren Hochaltären, die an der Wand zum Prinzipalmarkt hin aufgehängt wurden. Auf einem Bild ist die Kreuzigung dargestellt, auf dem anderen der Kirchenpatron Lambert von Lüttich, der vor dem Altar seiner Hauskapelle den Märtyrertod stirbt. Im Hintergrund dieses Bildes ist der alte Turm der Lambertikirche zu erkennen.

Einige Heilige werden in der Lambertikirche von den Münsteranern besonders verehrt. Vor ihren Bildern brennen ständig Kerzen, stille Beter knien nieder. Judas Thaddäus, der heilige Antonius und die Mutter Gottes sollen in Notlagen und bei besonderen Anlässen helfen. Manche Schüler stellen hier vor schweren Klassenarbeiten oder vor Prüfungen eine Kerze auf.

Der Wächter auf dem Turme

Eine Besonderheit der Lambertikirche ist auch der Wächter auf dem Turme. Ja, es gibt ihn wirklich, den „höchsten städtischen Beamten" dort oben. Und er bläst mit seinem langen Tutehorn allnächtlich von 22 Uhr abends bis sechs Uhr morgens die vollen und die halben Stunden in alle vier Himmelsrichtungen.

Der Wächter auf dem Turme ist den Münsteranern eine teure Erinnerung an vergangene Zeiten. Früher hatte er die Aufgabe, nach Feinden auszuschauen und Feuersbrünste zu melden. Er wird 1379 erstmals in alten Urkunden erwähnt.

Die Akten des Stadtarchivs berichten davon, daß sich der Rat der Stadt früher häufig mit dem Türmer auf St. Lamberti befassen mußte. Er wurde bestraft, weil er seine Wacht verlassen oder seine Ehefrau samt Kind mit in die Turmstube genommen oder weil er mit fremden Leuten dort oben gezecht hatte.

In einer mittelalterlich anmutenden Dienstordnung von 1902, die heute noch gilt, bestimmt der Rat: „Bei Strafe sofortiger Entlassung hat er sich jeder Verunreinigung des Turmes, namentlich des Ausgießens seines Nachtgeschirres auf dem Umgang oder von diesem herab, zu enthalten."

Auf seinem täglichen Weg zur Turmstube hat der Türmer 297 Stufen zu erklimmen. Er kommt zunächst zur Orgelempore, dann an der Turmuhr und an den Wiedertäuferkäfigen vorbei bis hin zu dem balkonartigen Umgang. Hier befindet sich seine Turmstube. Oberhalb beginnt die durchbrochene, helmartige Spitze des Turmes, bis zu ihr müßte er weitere 85 Stufen erklimmen.

Heutzutage verfügt der Türmer über eine direkte Telefonleitung zur Leitstelle der Feuerwehr. Über diese Leitung gibt er an jedem Abend Bescheid, daß er seinen Dienst angetreten hat, und meldet sich am Morgen wieder ab.

Natürlich könnte er auch zwischendurch wichtige Meldungen durchgeben. Aber bei der heutigen technischen Ausstattung aller großen Gebäude mit automatischen Rauchmeldern und bei der Schnelligkeit, mit der Brände über Feuermelder oder per Telefon bekannt werden, würde der Türmer immer zu spät sein. Es ist höchstens umgekehrt so, daß die Feuerwehr den Türmer auf einen Großbrand aufmerksam macht, damit er den weithin sichtbaren Feuerschein am Horizont nicht verpaßt.

Es ist vertraglich abgesichert, daß die Stadt Münster einen Türmer auf Sankt Lamberti stationieren darf. Etwa 40 000 Mark für das Gehalt läßt man sich das kosten. Hinzu kommen weitere Beträge für die bauliche Unterhaltung der Turmstube und für die elektrische Beheizung.

Neben Münster gibt es nur noch zwei andere Städte in Europa, die sich einen Türmer leisten. Es sind Krakau in Polen und Nördlingen bei Stuttgart. Eine eigene Gewerkschaft haben die drei Türmer noch nicht gegründet. Münsters Türmer hat jedoch seinen Kollegen in Nördlingen schon einmal besucht und schreibt ihm freundschaftliche Briefe.

Treffpunkt der Jugend

Unterhalb der Lambertikirche herrscht an Wochentagen regelmäßig viel Betrieb. Der Lambertikirchplatz ist wohl der wichtigste Treffpunkt der Jugend dieser Stadt. Schülerinnen und Schüler sitzen hier zusammen, tauschen Erfahrungen über Lehrer und lateinische Vokabeln aus, vergleichen die Ergebnisse von Mathematikaufgaben, reden miteinander, lassen sich von der Sonne bescheinen. Einzelne zwielichtige Gestalten mischen sich darunter, die verbotene Stoffe anbieten.

Manche biedere Bürger ärgern sich über die Versammlung der jungen Leute. Sie stoßen sich an langen Haaren oder zotteligen Bärten. Aber warum sollte sich die Jugend nicht von den Erwachsenen unterscheiden?

Im Mittelpunkt des Platzes steht der Lambertusbrunnen. Dies ist der zweite Brunnen an dieser Stelle; der erste wurde im Krieg zerstört. Das Geld für den jetzigen Brunnen stammt von Münsters Schuljugend. Sie verkaufte Spendenkarten, in beispiellosen Einsatz hat sie auf diese Weise 10000 Mark zusammengebracht. Den Brunnen geschaffen hat dann der Bildhauer Heinrich Bäumer, von seinem Vater stammte der alte Brunnen.

Die Figurengruppe auf dem Brunnen stellt einen Bauern, eine Bäuerin, eine Magd und ein Kind dar – Figuren des alljährlichen Lambertusspieles, das ein Stück des alten Stadtlebens von

Münster ist. Außer in Münster wird es zwar noch in einigen Orten des Münsterlandes, vor allem mit Lambertikirchen, gefeiert. Aber nur in Münster wird es, im Gegensatz zu den anderen Orten, vom ersten Septembertag an begangen. Höhepunkt ist jeweils am 17. September, dem eigentlichen Lambertustag.

An diesem Tag kommen Kinder aus allen Stadtteilen mit bunten, manchmal selbstgebastelten Laternen in die Innenstadt, um beim großen Spiel am Lambertusbrunnen mitzumachen. Sie bilden Kreise und ziehen um die mit Herbstblumen und den Laternen geschmückte Pyramide herum. Dabei singen sie die alten Lambertuslieder: „Der Herr, der schickt den Jäger aus . . ." – „Dumme Liese, hole Wasser . . ." – „Guter Freund, ich frage dir . . ." und als ständigen Abschluß des Spiels „O Buer, wat kost't din Hei?", wobei der Buer zum Ende hin jedesmal einen Schubs bekommt.

Der Ursprung des Lambertusspiels liegt im dunkeln. Es gibt eine Überlieferung, wonach dieses Lichterfest dadurch entstanden sei, daß zum Lambertustag im September zum erstenmal Licht in die Handwerkerstuben getragen worden ist.

Mit dem Lambertusbrunnen machen sich junge Leute gelegentlich einen besonderen Spaß. Sie schütten Seifenpulver hinein, und durch die ständige Wasserbewegung entsteht enorm viel Schaum. Der Schaum steigt hoch und quillt über den Rand auf den Platz, wo der Wind einzelne weiße Schaumfetzen mit Superwaschkraft vor sich her treibt, den schimpfenden Leuten vor die Füße. Es soll auch schon einmal vorgekommen sein, daß jemand in den Brunnen gestiegen ist, um sich gründlich zu waschen.

Hoch zu Roß in eine Gastwirtschaft

Manch einer regt sich heutzutage auf über angeblich dumme Streiche von jungen Leuten. Und gleichzeitig erfreut er sich an den Späßen früherer Originale, die genaugenommen auch nichts anderes taten, als die bestehende Ordnung auf den Kopf zu stellen.

Zu den bekannten Originalen gehörte Baron Gisbert von Romberg, der tolle Bomberg, wie er von den Leuten genannt wurde. Er lebte in der zweiten Hälfte des vorigen Jahrhunderts auf seiner Wasserburg zu Buldern im Münsterland, langweilte sich da und kam in die Stadt Münster, um die Münsteraner mit seinen Streichen zu ärgern.

Er bezeichnete die Münsteraner als spießig und eingebildet. Er wollte ihnen zeigen, daß nur er ein richtiger Kerl sei. So fuhr er einmal mit seinem sechsspännigen Wagen in fürstlichem Aufzug, vornweg mit Fanfarenbläsern, auf den Prinzipalmarkt. Hier ließ er sich oben auf dem Bock seines Wagens rasieren – um den Ausspruch eines Eingebildeten zu verdeutlichen, der behauptet hatte: ,,Der westfälische Adel steigt nicht ins Volk hinab."

Ein andermal ist er hoch zu Roß in eine Gastwirtschaft geritten und hat sein Pferd über die festlich gedeckte Tafel springen lassen, wobei natürlich einiges zu Bruch ging und die Gäste ängstlich auseinandersprangen. Immer bezahlte der Baron den Schaden, den er angerichtet hatte. Das war der Spaß ihm wert.

Indem er in seinem Heimatdorf immer wieder die Notbremse zog, hat der tolle Bomberg dafür gesorgt, daß Buldern eine eigene Bahnstation erhielt.

Einmal gab es Ärger mit dem neuen Polizeipräsidenten. Weil die Tollwut ausgebrochen war, hatte der eine allgemeine Hundesperre erlassen. Aber der Baron kam absichtlich mit einem struppigen Köter in die Stadt, wurde auch prompt angehalten und mit einer saftigen Strafverfügung belegt. Er erhob aber Widerspruch und bewies, daß es sich gar nicht um einen Hund, sondern um einen gezähmten Wolf gehandelt habe. Natürlich hatte er sich die Bescheinigung auf eine krumme Tour besorgt, aber das konnte niemand nachweisen. Und da die Polizeiverordnung nicht für Wölfe galt, mußte die Strafe zurückgenommen werden.

Um die Polizei zusätzlich zu ärgern, verteilte der Baron einige Tage später mehrere seiner Leute im Präsidium. Zu einem festgesetzten Zeitpunkt schrien alle „Feuer! Feuer!" und stürzten die Gänge und Treppen entlang nach draußen. Andere Besucher ließen sich mitreißen, schließlich kamen auch die Beamten aus ihren Büros, und der Polizeipräsident selbst stürzte vor die Tür.

„Wo ist Feuer?", rief er. „Hier!", antwortete ihm der tolle Bomberg, der da in seinem gelben Jagdwagen stand und sich seelenruhig eine dicke Zigarre ansteckte.

Eine Bauersfrau, die unter den Bogen am Prinzipalmarkt Eier verkaufte, foppte der Baron auf andere Art. Er ließ sich ein paar Eier geben und schlug sie auf, angeblich um zu prüfen, ob sie frisch seien. Dabei ließ er jedesmal blitzschnell ein Goldstück zusammen mit dem Eidotter auf das Pflaster springen. Die Bauersfrau bekam große Augen, weil sie glaubte, die Goldstücke wären in ihren Eiern gewesen. Als nun der Baron die restlichen Körbe voll Eier kaufen wollte, lehnte sie ab. Heimlich schlug sie ein Ei nach dem anderen kaputt, so daß ein riesiger Haufen Rühreier entstand. Goldstücke fand sie jedoch nicht . . .

Der Maler Fritz Grotemeyer hat auf großen Bildern die wildesten Streiche des tollen Bomberg festgehalten. Josef Winckler hat einen Roman über diesen Baron geschrieben. Darin läßt er ihn sagen: „Ich hör' in ganz Münster die Totenwürmer klopfen vor Stille . . . Wenn Gott auf die Stadt herabschaut, kriegt er vor Gähnen den Mund nicht mehr zu!" Der tolle Bomberg hat dafür gesorgt, daß es wieder etwas zu lachen gab.

DIE STRASSE DER HEISSEN WÜRSTCHEN

DIE STRASSE DER HEISSEN WÜRSTCHEN

In alten Städten mit großer Vergangenheit kann man an den Straßennamen ablesen, was hier früher getrieben wurde. So auch in Münster: Der Prinzipalmarkt war der Hauptmarkt, am Alten Fischmarkt wurde mit Fischen gehandelt, am Roggenmarkt wurde Roggen verkauft, in der Pferdegasse standen die Pferdeställe des Bischofs und der Domherren, am Spiekerhof gab es Speicher, über die Salzstraße führte ein alter Handelsweg, über den das wichtige Salz nach Münster kam.

Heutzutage würde man den Straßen andere Namen geben, entsprechend der gewandelten Bedeutung. So wäre es denkbar, daß man die Salzstraße, die an der Lambertikirche beginnt, umbenennen würde in *Straße der heißen Würstchen*.

Denn wohl nirgendwo sonst in Münsters Altstadt gibt es so viele Gelegenheiten für den kleinen Hunger: Wurstbratereien, Schnellimbißtheken mit Pommes frites, Hamburgers, Fischbrötchen, Eintopfessen, Kaffeeausschank, Speiseeisverkauf. Hier kann man sich förmlich mit dem Geruchssinn hindurchfinden.

Echte münstersche Spezialitäten finden sich auf der Straße natürlich nicht. Dazu muß man schon eine der alten, gemütlichen Gaststätten aufsuchen und ein wenig Zeit mitbringen.

Und dann sollte man den schwarzen, würzigen Pumpernickel mit westfälischem Schinken ausprobieren. Oder Dicke Bohnen mit Speck bestellen. Versucht auch einmal Töttchen, ein aus Kleinfleisch gemischtes Gericht, oder Wurstebrötchen, eine in Hefeteig eingebackene Mettwurst. Gesund und lecker sind auch die Knabbeln, aus frischem Weizenstuten im Backofen geröstete Weißbrotstücke, die man in Milch oder Kaffee einstippt.

Verschiedene Bäckerläden in Münster bieten Schusterjungen an. Das sind besonders kräftige Roggenbrötchen, von denen oft ein einziges zum Sattwerden genügt.

Was man zu dem Würstchen trinken soll? Für die Erwachsenen ist die Antwort einfach. Die sollten den münsterländischen Korn oder das münstersche Altbier, eventuell auch als Altbierbowle mit Früchten, probieren. Für Kinder und Jugendliche gibt es neben den üblichen Sprudelsorten und Cola-Getränken in vielen Gaststätten noch Regina, eine rötliche, süße Limonade.

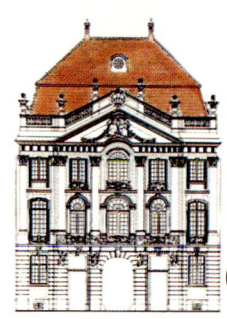

Schmuckstücke der Barock-Baukunst

An der Salzstraße und in unmittelbarer Nähe davon gibt es einige Schmuckstücke der Barock-Baukunst, die wir uns unbedingt ansehen müsse. *Barock* nennt man die Kunstepoche, die vom Ende des 16. Jahrhunderts bis in die zweite Hälfte des 18. Jahrhunderts reichte.

Wenn wir von der Lambertikirche kommen, ist da zunächst die Dominikanerkirche. Äußerlich fällt der Gegensatz auf zwischen der gestalteten Sandsteinfassade und der schlichten langen Seitenwand aus rotem Backstein. Die sechseckige Kuppel der Kirche mit den zugeordneten schlanken Glockentürmen gehört zum Stadtbild. Es handelt sich um eine ehemalige Klosterkirche; von dem eigentlichen Klostergebäude ist jedoch nur der schöne Giebel erhalten.

Der Innenraum der Dominikanerkirche wurde nach dem Wiederaufbau völlig umgestaltet. Mitten in der Kirche steht nun ein moderner Altar. Er ist von allen Plätzen aus gut sichtbar. Das eigentliche alte Schmuckstück der Kirche, ein geschnitzter Barockaltar, ist jedoch hinter einer Mauer versteckt, so daß niemand ihn sehen kann. Ein Schildbürgerstreich!

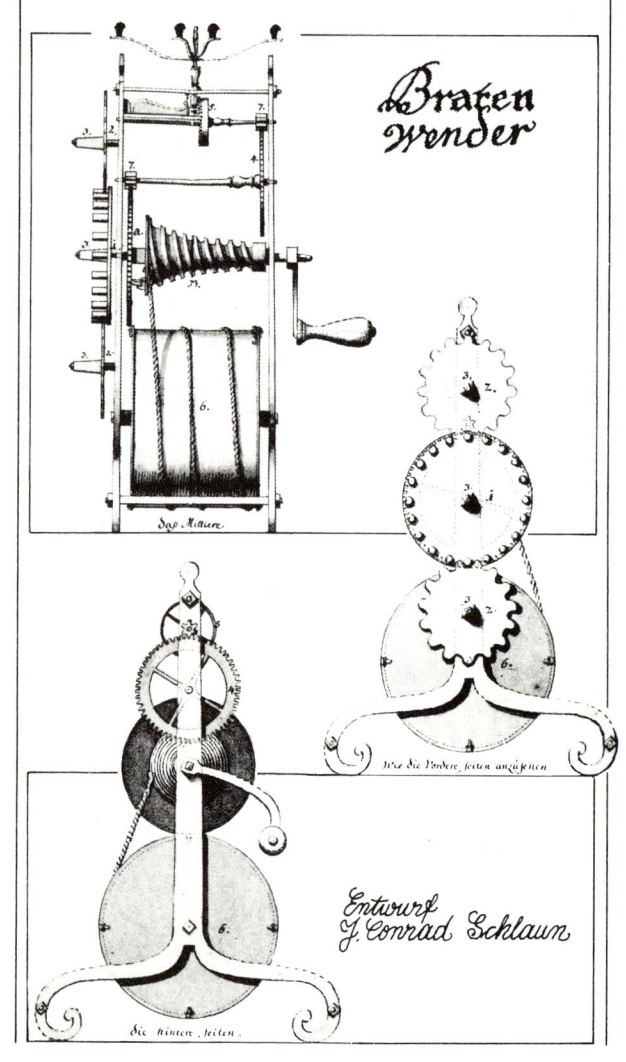

Einige Meter weiter sind wir am *Erbdrostenhof,* der in dem Winkel zweier aufeinanderzulaufender Straßen von dem berühmten Barock-Baumeister Johann Conrad Schlaun errichtet wurde. Dieser in sich geschwungene Bau hinter dem hohen Eisengitter wirkt äußerst vornehm, was noch durch den Wechsel von roten Backsteinflächen mit dem Gelb des Baumberger Sandsteins unterstrichen wird. Im Innern gibt es einen prunkvollen Festsaal, in dem heutzutage manchmal Konzerte stattfinden.

Der Erbdrostenhof ist wohl das schönste Beispiel für die prunkvollen Wohnhäuser des westfälischen Adels in der Stadt Münster. Während des Sommers saßen diese Herren und Damen in ihren Wasserburgen. Im Winter wurde es ihnen dort zu kalt und wohl auch zu langweilig. Dann kamen sie in die Stadt, um hier am gesellschaftlichen Leben, an Festen und Theateraufführungen teilzunehmen.

Ein Schmuckstück des Barock ist auch die Clemenskirche, die von Johann Conrad Schlaun als Krankenhauskapelle gebaut wurde. Sie liegt schräg hinter dem Erbdrostenhof. Der kreisrunde, von einer Kuppel überdeckte Innenraum mußte nach dem Kriege vollkommen neu aufgebaut werden. Beim Betreten der Kapelle ist man überrascht von der großen Farbigkeit des Kuppelgemäldes und des Altarbildes. Eine Besonderheit des Kunstempfindens der damaligen Zeit ist es, daß der Betrachter den Unterschied zwischen figürlicher Plastik und Gemälde kaum wahrnimmt. Das geht ineinander über.

In der Zeit des Barock orientierten sich die Baumeister an dem Petersdom in Rom, der Hauptkirche der katholischen Christenheit. Auch die Clemenskirche in Münster erinnert daran.

Johann Conrad Schlaun hat fast fünfzig Jahre, von 1728 bis zu seinem Tode 1773, in Münster gelebt. Zu seinen Hauptwerken außerhalb der Stadt gehören das Schloß Brühl bei Köln und das Jagdschloß Clemenswerth im Emsland.

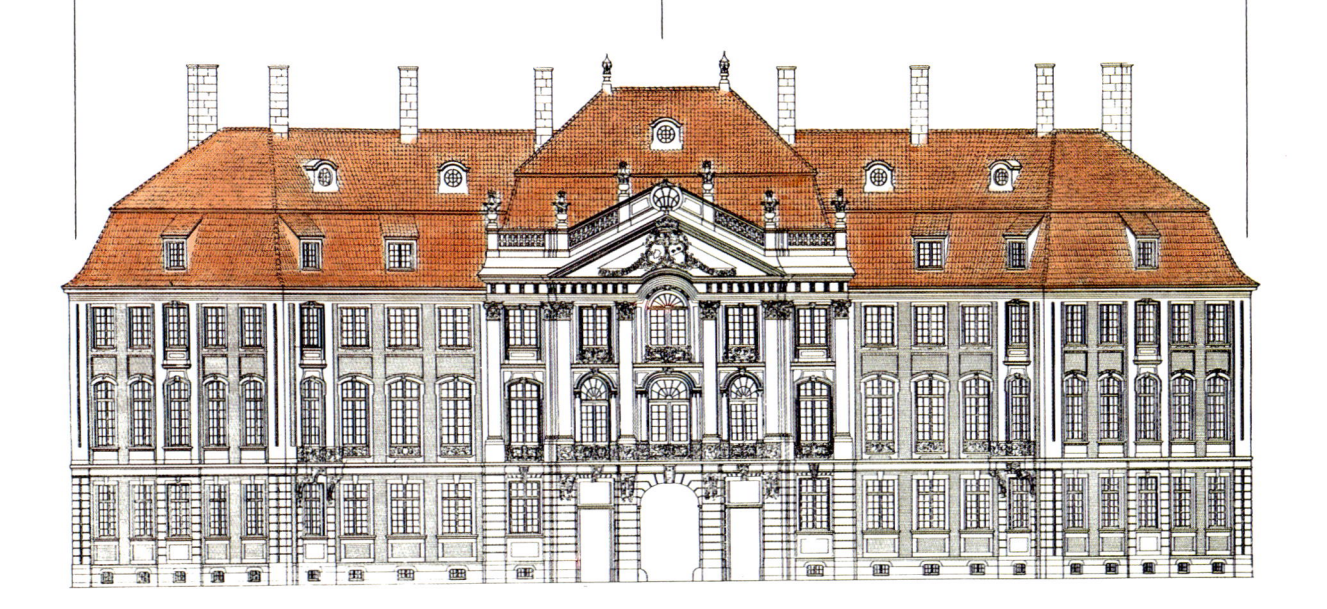

Eindrucksvoll gestaltete Trümmerlandschaft

Von der Clemenskirche aus sind wir in wenigen Schritten am Stadthaus, einem nach dem Kriege errichteten Neubau, in dem ein Teil der Stadtverwaltung sitzt. In der Eingangshalle stehen drei Modelle Münsters, die wir uns ansehen wollen.

Da ist einmal die Stadt Münster, wie sie 1939 aussah, also vor dem Zweiten Weltkrieg. Wir erkennen im Mittelpunkt den Paulus-Dom und im Zuge der ersten Bischofsburg die Straßenführung von der Rothenburg über den Prinzipalmarkt mit den schönen Giebelhäusern bis hin zum Spiekerhof. Rund um die Altstadt erstreckt sich ein Kranz von Linden, die Promenade. Es war eine schöne Stadt.

Erschreckend dagegen und bestürzend der Anblick des zweiten Modells. Es zeigt Münster von 1945. Eine Trümmerlandschaft breitet sich da aus, wo früher die Menschen gelebt haben. Die schönen alten Häuser, das Rathaus, der Dom, die Kirchen, die Straßen, ja selbst der Friedhof – alles war von Bomben verwüstet.

Die Kriegszerstörungen in Münsters Altstadt betrugen über 90 Prozent. 102 Luftangriffe hatte die Stadt erlebt, 682 000 Bomben waren heruntergeprasselt. Hier konnte kaum noch jemand leben. Die Einwohnerzahl, die 1939 noch 141 000 betragen hatte, war auf 23 500 gesunken.

Unmittelbar nach Kriegsende hörte man Leute, die den riesigen Schutthaufen liegen lassen und die Stadt an anderer Stelle neu errichten wollten. Es setzten sich jedoch die Münsteraner durch, die einen Wiederaufbau an alter Stelle befürworteten.

Der Wiederaufbau Münsters hat große Anstrengungen gekostet.

Beim Gang durch die Stadt sehen wir kaum noch eine Baulücke oder eine Ruine. Diese Leistung der Münsteraner läßt sich auch an der Einwohnerzahl ablesen. Die Stadt hatte 1974 rund 200 000 Einwohner; 1975, als neun Umlandgemeinden eingegliedert wurden, gar 260 000 Einwohner.

Die Menschen haben es durch ihren Lebenswillen, durch Einsatz und Tatkraft geschafft, den Schrecken des Krieges zu überwinden. Münster ist wieder eine Stadt geworden, in der sich's leben läßt.

Das dritte Modell in der Eingangshalle zeigt das heutige Münster. Wir sehen die wiedererrichteten Giebelhäuser am Prinzipalmarkt, den neu erstandenen Dom, das neue „alte" Rathaus. Wir erkennen, daß die alten Straßenzüge weitgehend erhalten blieben. Nur an wenigen Stellen wurden für den Autoverkehr neue Straßenzüge durchbrochen, größere Kreuzungen und Untertunnelungen gebaut oder geplant.

Das neue Münster verrät noch viel vom alten Münster. Die Stadtväter wurden ursprünglich von anderswo heftig kritisiert, weil sie moderne Betonbauten und Hochhäuser im Altstadtbereich nicht zuließen. Heute erkennen auch berühmte Städteplaner und Architekten, daß es vor allem darauf ankommt, dem Menschen eine Stadt zu bieten, in der er sich wohl fühlt.

Was die so alles tun

Wir befinden uns im Gebäude der Stadtverwaltung. Männer und Frauen gehen durch die Gänge, drängeln sich vor manchen Türen, eilen geschäftig die Treppen hinauf und hinunter. Aus den Büros klingen Stimmengewirr, das Klappern von Schreibmaschinen, das Schrillen der Telefone.

Was die so alles tun? Sie verwalten die Stadt. Insgesamt sind es viertausend Mitarbeiter, die sich damit beschäftigen. Sicherlich eine enorme Zahl, deren Größe wir erst richtig ermessen und uns vorstellen können, wenn wir uns einmal überlegen, wie viele Schüler unsere Schulen besuchen.

Natürlich arbeiten die viertausend Männer und Frauen nicht alle hier im Stadthaus. Es gibt eine ganze Reihe von weiteren Bürogebäuden, die woanders liegen. Und dann gehören dazu auch die Männer der Straßenreinigung, der Müllabfuhr, des Gartenbauamtes, die sich draußen betätigen, oder die Frauen, die in den städtischen Schulen oder Kindergärten saubermachen.

An der Spitze der Selbstverwaltung einer Stadt steht der von den Bürgern gewählte Rat, in Münster sind das 67 Frauen und Männer. Der Rat wählt aus seiner Mitte seinen Vorsitzenden, den Oberbürgermeister, sowie zwei Stellvertreter als Bürgermeister.

In regelmäßig stattfindenden Ratssitzungen werden wichtige Entscheidungen der Stadt getroffen, nachdem zuvor die Ausschüsse und die Bezirksvertretungen über die anstehenden Fragen gesprochen haben. Wenn die Ratsmitglieder wollen, können sie alle Dinge selbst bestimmen. Wenn sie entschieden haben, kann die Verwaltung entsprechend handeln.

Die Verwaltung wiederum wird geleitet vom Oberstadtdirektor. Sein Stellvertreter ist der Stadtdirektor. Sodann ist die Verwaltung aufgeteilt in verschiedene Dezernate, das sind Fachbereiche mit jeweils einem Dezernenten an der Spitze. Zu jedem Dezernat gehören verschiedene Ämter. Da gibt es die Stadtkasse, das Wahlamt, das Ordnungsamt, das Standesamt, das Schulamt, das Jugendamt, das Sozialamt, das Gesundheitsamt, das Tiefbauamt, das Presseamt und vieles andere mehr.

Im Mittelalter kam die gesamte Verwaltung einschließlich des Rates der Stadt im Rathaus am Prinzipalmarkt unter. Heute ist alles komplizierter geworden, sind die Wünsche und Anforderungen der Bürger gestiegen, sagen die Experten, und deshalb müsse die Stadtverwaltung auch so viele Leute beschäftigen.

Mit dem Beamtenbagger nach oben

Im Stadthaus funktioniert neben dem Aufzug noch eine uralte technische Einrichtung: ein „Paternoster", im Volksmund auch Beamtenbagger genannt. Das sind bewegliche Fahrkörbe für je zwei Personen, die hintereinander hängen und wie bei einem Förderband immer rundum fahren, auf der rechten Seite nach oben, links nach unten. Die Benutzung ist so einfach wie bei einer Rolltreppe. Man muß nur zügig hineinspringen und an der richtigen Etage aussteigen.

Wer bei einem Paternoster die letzte Etage verpaßt, braucht dennoch keine Angst zu haben. Die Weiterfahrt durch den Boden oder durch den Keller ist ungefährlich. Der Fahrkorb legt sich nicht schief, sondern bleibt aufrecht stehen. Er rumpelt nur ein wenig. Und außerdem wird es dunkel.

Wer die Fahrkörbe des Paternosters nachzählt, kommt auf dreizehn Stück. Man kann mit ihnen bis zur fünften Etage kommen.

Von der elften Etage des Stadthauses hat man einen herrlichen Ausblick auf Münster. Den Weg dorthin erfragen wir beim Pförtner.

Oben befindet sich die Kantine der Mitarbeiter der Stadtverwaltung. Vom Vorraum aus können wir durch die großen Scheiben nach unten blicken. Durch das linke Fenster, Richtung Osten, erkennen wir den spitzen Kirchturm der Herz-Jesu-Kirche, der um einen Meter höher ist als die Lambertikirche, wie wir ja inzwischen wissen. Das hochkant gestellte Rechteck vorn ist das Hochhaus einer Versicherung, der langgestreckte, abgeknickte Klotz im Hintergrund beherbergt die Oberfinanzdirektion.

Jetzt wenden wir uns nach Südosten: da liegt zu unseren Füßen die kleine Clemenskirche mit dem frei danebenstehenden Turm. Dahinter erkennen wir die Geleise der Bundesbahn. Etwas weiter rechts überragt ein dicker Schornstein alle Hochhäuser und Türme Münsters. Er ist 118 Meter hoch und gehört zum Heizkraftwerk der Stadtwerke, das weite Teile der Stadt mit Wärme und mit heißem Wasser versorgt. Direkt daneben sieht man den Gaskessel, der für den Druckausgleich in den Leitungen ständig einen bestimmten Gasvorrat enthält.

Im Süden steht der Wasserturm mit kupfergrünem Dach. In seinem Inneren befindet sich ein großer Wassertank. Von hier aus wird der Druck in den Wasserleitungen verstärkt, so daß auch in den oberen Etagen der Häuser das Wasser aus den Kränen strömt. Näher zu uns hin steht der Turm der Ludgerikirche, die wir bei unserem Promenadenbummel besichtigen wollen.

Richtung Südwesten erkennen wir einen kleinen Teil der glitzernden Wasserfläche des Aasees mit bunten Segelbooten. Der Turm im Vordergrund mit der von Grünspan überzogenen spitzen Haube gehört zum Stadthaus. Er war ein Teil des früheren Verwaltungsbaues und hat den Bombenkrieg überstanden. Heute erfüllt der Turm einen praktischen Zweck. In ihm ist unter anderem die Telefonzentrale der Stadtverwaltung untergebracht.

Am Stadthausturm an der Ecke Klemensstraße und Prinzipalmarkt geben ein Höhenbolzen und eine kleine Bronzetafel die genaue Höhenlage Münsters an: 60,24 Meter über dem Meeresspiegel.

Zwei ziemlich auffällige moderne Gebäude liegen fast in gleicher Richtung. Das ist einmal der blendweiße, in verschiedener Höhe abgestufte Bau der Landesbausparkasse, und weiter hinten erkennen wir die neuen ,,Bettentürme" der Universitätskliniken, in denen ungefähr tausend Kranke Platz finden.

Rechts davon, näher zu uns hin, schließt sich das Schloß an, ein prächtiger Bau aus gelblichem Sandstein und roten Ziegelsteinen, den wir ebenfalls bei unserem Promenadenbummel näher begucken wollen.

Sehr schön von oben zu erkennen ist der Kranz von Lindenbäumen, der die Promenade säumt und sich rund um die Innenstadt zieht. Er ist so etwas wie eine grüne Lunge.

Mit nassen Füßen

...fing es an

Wir haben erfahren, daß die Stadt Münster zurückgeht auf eine Klostergründung des heiligen Ludgerus. Warum Ludgerus aber ausgerechnet an dieser Stelle sein Kloster errichtet hat, wissen wir noch nicht.

Es ist so, daß hier bereits eine Siedlung der Germanen war, *Mimigerneford* genannt. Sie lag auf einem kleinen Sandhügel, dem Horsteberg. Und die Germanen hatten sich für diesen Standort entschieden, weil es eine Furt durch das Flüßchen Aa gab. Wichtige Handelsstraßen kreuzten sich, Güter wurden umgeladen, weiterbefördert.

So eine Furt ist eine seichte Stelle, wo man Pferde und Ochsen hindurchtreiben kann. Brücken gab es damals noch nicht im Lande unserer Vorfahren. Die Menschen mußten an einer Furt bis zu den Knien oder bis zu den Oberschenkeln durch das Wasser waten. Es ist deshalb auch wohl nicht übertrieben, wenn wir feststellen, daß die Stadt Münster mit nassen Füßen anfing.

Einige der Straßen, die es damals gab, bestehen heute noch. So die Verbindung von der Nordsee und Ostsee in Richtung Rheinland, die Bundesstraße von Wesel über Haltern nach Osnabrück. Oder die Verbindung mit den Niederlanden, die Bundesstraße in Richtung Steinfurt, Gronau und Enschede. Früher gab es auch schon die wichtigen Straßen nach Greven, nach Warendorf und Wolbeck.

Warum Ludgerus nicht hier begraben ist

Der von Kaiser Karl dem Großen als Missionar eingesetzte Liudger oder Ludgerus stammte aus Friesland. Er wurde 742 geboren. Nach dem Besuch der Klosterschule in Utrecht kam er zur weiteren Ausbildung nach York in England. Später weilte er auch zwei Jahre lang in der Benediktinerabtei Monte Cassino in Italien.

Ludgerus war in ganz Friesland sowie auf der Insel Helgoland als Glaubensbote tätig. Er gründete neben Monasterium = Münster andere Klöster und Kirchen.

Als Ludgerus im Jahr 809 in Billerbeck starb, wurde seine Leiche in das Kloster Werden an der Ruhr, in der heutigen Großstadt Essen, überführt und dort begraben. Wir wissen heute, daß dies sein Wunsch gewesen ist, da Werden sein Lieblingskloster war.

Auf die Frage, warum er nicht hier in Münster, seiner Bischofsstadt, begraben ist, gibt eine fromme Legende Antwort auf ihre Weise.

Danach hat Ludgerus, als er noch lebte, angeordnet, daß man zwei Ochsen vor einen Wagen mit seinem Sarg spannen und ihn dort begraben solle, wo die Tiere von sich aus rasten würden. Auf diese Weise kam der Sarg zunächst nach Münster. Trauernde Menschen gingen hinter ihm her. Die Ochsen zogen weiter, aus der Stadt hinaus. Als sie sich am Abend einem einsamen Dorf näherten, läuteten vom Turm der dortigen Kirche die Glocken. Kein Mensch hatte sie in Bewegung gesetzt, denn niemand wußte etwas vom Tod des Bischofs. Der Ort hieß künftig Lüdinghausen; er liegt südlich von Münster.

Die Ochsen zogen weiter. Erst als sie Werden an der Ruhr erreichten, blieben sie stehen und waren nicht mit Peitschenhieben von der Stelle zu bewegen. Da wußten alle, daß Ludgerus in seinem Lieblingskloster begraben werden wollte. Und sie erfüllten ihm diesen letzten Wunsch.

EIN THEATER WIE EIN DONNERSCHLAG

Unsere letzte Besichtigungsstation war das Hochhaus der Stadtverwaltung. Von seiner elften Etage kommen wir mit dem Fahrstuhl oder auch zu Fuß über die Treppen nach unten. Wir gehen dann in Richtung Lambertikirchturm.

Am Lambertusbrunnen vorbei gelangen wir zum Krameramtshaus. Es ist das ehemalige Zunfthaus der münsterschen Kaufleute, wo man kleinere Feste feierte, wo man sich traf, um wichtige Fragen und Probleme zu erörtern. Schön ist die Giebelfront des Hauses. Im Innern verkündet eine Inschrift den Alten Wahlspruch der münsterschen Kaufleute „Ehr is Dwang nog" (Ehre ist Zwang genug).

Einige Meter weiter steht das ehemalige Versammlungshaus der Bäcker, der Pelzverarbeiter und der Böttcher; heute beherbergt es die Regensbergsche Buchhandlung. An diesem Bau gefällt den Kunstexperten besonders die reichgegliederte Fassade und ein kleiner Erker.

Den Alten Fischmarkt herunter kommen wir zum Stadttheater. Ein nach dem Kriege entstandener moderner Neubau. Auffällig an ihm ist das hohe, runde Bühnenhaus, die Verkleidung der Außenflächen mit italienischem Mosaik sowie vor allem die Einbeziehung der alten Fassade eines Adelshofes, die im Innenhof des Theaters wie eine Kulisse steht.

Das moderne Theater ist das Ergebnis eines Architekten-Wettbewerbs. Es zeigt, daß die Münsteraner nicht nur Althergebrachtes erhalten, wiederaufbauen und pflegen, sondern daß sie auch fortschrittliche Lösungen ermöglichen.

Das Stadttheater Münster wurde 1956, als es fertiggestellt war, von der internationalen Fachwelt hochgelobt. Es galt als ein „befreiender Donnerschlag", weil bis dahin alle neuen Theaterbauten so aussahen, als seien sie aus dem vorigen Jahrhundert. Es gab sogar Stimmen, die Münsters Theater als das schönste der Welt bezeichneten.

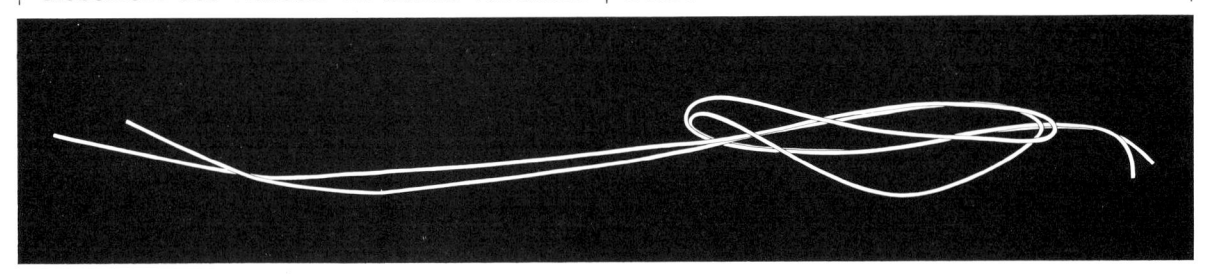

Zwei schöne alte Kirchen

Unmittelbar neben dem Stadttheater steht die Pfarrkirche St. Martini. Sie hat eine Menge mitgemacht in ihrer langen Geschichte. Errichtet um 1180, war sie von 1187 bis 1811 mit einem Kloster verbunden, das dann aufgehoben wurde. 1980 fand die 800-Jahr-Feier der Martinikirche statt.

Die Wiedertäufer zerstörten die Gewölbe der Kirche. Erst vierzig Jahre später konnte man sie erneuern. Zwei Brände machten Arbeiten am Turm erforderlich. Während man die drei unteren Geschosse mit dem Portal beibehielt, setzte man ein weiteres Geschoß oben drauf. Die Turmhaube wurde zunächst mit Schieferplatten abgedeckt, später erhielt sie eine Dachhaut aus Kupfer. Auch der Innenraum der Kirche veränderte sich. Man verlängerte ihn.

Zu den besonderen Kunstschätzen von St. Martini gehört ein 58 Zentimeter großes Kapitelskreuz, dessen Holz mit vergoldeten Silberplatten, mit Emaillearbeiten, mit aus edlem Metall getriebenem Rankenwerk sowie mit Edelsteinen besetzt ist. Besondere Emaillefelder stellen Szenen aus der Heilsgeschichte und den Kirchenpatron Martin dar. In der Mitte befindet sich ein winziges Holzstück, das angeblich von dem Kreuz stammt, an dem Jesus Christus gestorben ist, eine Reliquie, die von kleinen Engelfiguren verehrt wird. Man nimmt an, daß das Kreuz von einem Meister im Rheinland gearbeitet wurde.

Ein mittelalterliches Pestkreuz, das bei Prozessionen herumgetragen wurde, gehört ebenfalls zum Kirchenschatz. Es ist farbig bemalt.

Auf dem Weg zurück in Richtung Dom kommen wir an der Apostelkirche vorbei. Sie gehörte früher zu dem einzigen Männerkloster, das es im Mittelalter in Münster gab. Der Ordensgewohnheit der Minoriten entsprechend, erhielt die Kirche keinen Turm.

Bemerkenswert an der Kirche sind die erst in diesem Jahrhundert aufgedeckten Gewölbemalereien. Sie zeigen Ornamente, Ranken mit Weinlaub und eine Madonna mit stehendem Kind, eine ungewöhnliche Darstellung.

Der Kiepenkerl bringt nicht nur frische Eier

Wenn wir auf dem Rückweg von der Neubrückenstraße auf die Giebelhäuser an der Bogenstraße stoßen, biegen wir rechts ab. Wenig später öffnet sich die Straße zu einem kleinen Platz. Mittendrin steht das Denkmal vom *Kiepenkerl*, aus dessen Sockel ein dünner Wasserstrahl sprudelt, von dem wir ohne weiteres trinken können.

Für die Münsteraner ist der Kiepenkerl wohl die wichtigste Symbolfigur überhaupt. Mit seinem blauen Kittel, dem roten Halstuch, den Holzschuhen an den Füßen, der langen Pfeife in der Hand und dem hölzernen Tragekorb, eben der Kiepe, auf dem Rücken nimmt er an jedem öffentlichen Ereignis teil. Er verteilt bei Volksfesten die Süßigkeiten und Luftballons an die Kinder, spielt den Fremdenführer, begrüßt in humorvoller Art und plattdeutscher Sprache die prominenten Besucher, tanzt und singt zur allgemeinen Belustigung.

In früheren Zeiten war der Kiepenkerl ein reisender Handelsmann, der von Bauernhof zu Bauernhof, von Dorf zu Dorf und gelegentlich auch in die Stadt zog, um seine Waren anzubieten. Er verkaufte Nähgarn, Wolle, Gummibänder oder Knöpfe, tauschte dagegen Eier, geschlachtete oder lebende Hühner, Obst und Gemüse, was er woanders loswerden konnte. Am wichtigsten waren für die Leute damals jedoch die Neuigkeiten, die der weitgereiste Kiepenkerl zu berichten wußte; er ersetzte sozusagen die Tageszeitung.

Heutzutage steht der Kiepenkerl für die Verbundenheit zwischen Stadt und Land. Sein Denkmal, dessen Vorläufer von einem amerikanischen Panzer niedergewalzt wurde, konnte bereits 1953 neu enthüllt werden. Bei diesem Ereignis war sogar unser damaliges Staatsoberhaupt, Bundespräsident Theodor Heuss, zugegen, dessen Frau Elly Heuss-Knapp das Müttergenesungswerk gegründet hat.

Bundespräsident Heuss gestand damals den Münsteranern: „Wenn ich in einer schönen Stadt war, habe ich immer gesagt, sie sei die zweitschönste in Deutschland, ob es nun Bamberg oder Bremen war. Damit provozierte ich die Frage, welche denn die schönste sei. Und dann habe ich gesagt: Münster." Natürlich sind die Menschen dieser Stadt noch heute stolz auf solch einen Ausspruch.

Schräg gegenüber dem Kiepenkerldenkmal steht an einer Hausecke die kleine bronzene Figur des heiligen Nikolaus; der Freund der Kinder hält drei Äpfel in seinen Händen.

Ziegenbaron und andere Originale

Das Kiepenkerldenkmal ist wohl der rechte Ort, um bei der Stadtbesichtigung einmal eine Pause zu machen, zu verschnaufen und die Geschichte anderer Originale der Stadt Münster anzuhören. In früheren Zeiten hätte sie sicherlich der Kiepenkerl persönlich weitererzählt.

Da gab es in Münster den Baron Alfred von Renesse, der als Ziegenbaron in aller Munde war, nachdem er den Verein zur Hebung der Ziegenzucht gegründet hatte. Das Verrückte hieran war, daß der Verein nur aus Ehrenmitgliedern bestand. Kinder mochte der Ziegenbaron übrigens besonders gern leiden. Er erzählte ihnen schnurrige Geschichten oder schenkte ihnen einen Groschen für ein Eis. Als der Ziegenbaron 1957 starb, war er 102 Jahre alt. Seinen hundertsten Geburtstag hatte er in den letzten Jahren mehrmals feiern lassen.

Vom Tollen Bomberg haben wir gehört. Ein Zeitgenosse und Freund von ihm war der Professor Hermann Landois, der „unwiese Profässer". Der hatte Theologie und Zoologie studiert. Seine Fachbücher über die Tierwelt brachten ihm unter den Wissenschaftlern hohe Anerkennung.

Aber dann hatte sich Professor Landois in den Kopf gesetzt, in Münster einen Zoologischen Garten und ein Naturkundemuseum zu gründen. Hierzu bildete er einen Verein und sammelte Geld. Dann lud er die vornehmen münsterschen Bürger zu einem Bärentatzenessen ein, servierte ihnen zwar nur gewöhnliche Frikadellen, ließ sie aber in dem Glauben, eine besondere Delikatesse genossen zu haben. Oder er hielt Vorträge über die Abstammung der Menschen, was damals sehr umstritten war, und befürwortete oder verneinte die Ansicht, daß der Mensch vom Affen abstammt – je nach der Zusammensetzung des Publikums. Alle Einnahmen der Vorträge flossen in die Zookasse.

Äußerlich war der Professor zu erkennen an dem schwarzen Gehrock, dem Zylinderhut und an der langen Pfeife, die ständig qualmte. Wenn er Bier trinken ging, nahm er seinen Freund „Lehmann" mit in die Wirtschaft. Das war ein Schimpanse, der sich jedesmal treu mit an den Tisch setzte. Ausgestopft können wir ihn noch heute im Westfälischen Landesmuseum für Naturkunde bewundern – mit einer Bierflasche in den behaarten Händen.

Als die ersten Tiere im Zoologischen Garten angekommen waren, baute sich Professor Landois am Rande des Geländes seinen eigenen Wohnsitz: die Tuckesburg, ein phantasievoll verschachteltes Gemäuer, in dem sich auch heute noch ganz herrlich Verstecken oder Räuber-und-Gendarm spielen ließe.

Der Gipfel aller Streiche war für die Münsteraner jedoch das Denkmal, das der „unwiese Profässer" sich selbst setzte und das er auch selbst enthüllt hat. Den Spießbürgern, die keinen Sinn für derartigen Humor hatten, ließ er wissen: „Will't seihn will, kumm un kie-t sik an, Et iß nich to verachten; Un willt't van vüörn nich lieden kann, Mag't Achterdeel bedrachten!" (Also: Wer's von vorn nicht leiden kann, mag die Rückseite betrachten!)

Das Denkmal steht heute im neuen *Allwetterzoo,* der die Tradition des alten Zoologischen Gartens fortführt. Wir müssen den Professor dort noch unbedingt besuchen.

Von Professor Landois gegründet wurde auch die Abendgesellschaft des Zoologischen Gartens, eine Vereinigung von Originalen, die Jahr für Jahr lustige plattdeutsche Stücke aufführt und mit dem Erlös den Zoo fördert. Bei diesen Aufführungen sind auch sämtliche Frauenrollen durch Männer besetzt, was natürlich manchmal besonders komisch wirkt. Hinter der Bühne gibt es, wie bei anderen Theatern, getrennte Garderoben für Männer und Frauen, was hier ein besonderer Blödsinn ist.

Der Gute Montag der Bäcker

Zu den eigenartigen Bräuchen, die es wohl in keiner anderen Stadt gibt, gehört auch der Gute Montag der Bäcker, der alle drei Jahre mit Schützenumzug, Fahnenschlag, Königsschießen und Festball gefeiert wird.

Dieser Gute Montag geht zurück auf ein Ereignis vor mehr als dreihundert Jahren. Damals war die Reichshauptstadt Wien von Türken belagert. Und als die Belagerer durch einen unterirdischen Gang unter den Festungswällen her in die Stadt eindringen wollten, wurde dieser Plan von münsterschen Bäckergesellen vereitelt.

Als Bäcker waren sie natürlich auch in der Fremde Frühaufsteher, denn offensichtlich bevorzugen auch die Leute in Wien frische Brötchen zum Frühstück. Die Bäcker aus Münster hörten in ihrer Backstube verdächtige Geräusche, die von den heimlichen Arbeiten der türkischen Belagerer stammten. Sie meldeten ihre Wahrnehmung und konnten so in letzter Minute den Einfall der Feinde verhindern.

Zur Belohnung ließen sie sich vom Kaiser alle drei Jahre einen arbeitsfreien Tag für alle Bäcker in Münster schenken. Und seitdem feiert man hier in Münster unter allgemeiner Anteilnahme den Guten Montag, wobei der Schützenkönig sich jeweils die Tochter eines Bäckermeisters zur Schützenkönigin auserwählt.

KIRCHTURM MIT KANONENPLATTFORM

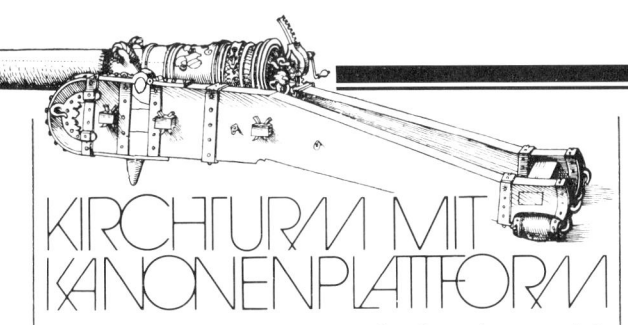

Die nächste Station unseres Stadtrundganges ist die Pfarrkirche Liebfrauen-Überwasser mit ihrem helmlosen Turmkoloß. Auch hierüber weiß der Kiepenkerl eine Menge interessanter Dinge zu berichten. Er könnte erzählen, daß an der Stelle dieser Kirche ursprünglich ein Nonnenkloster gestanden hat, wovon der Name Liebfrauen kündet. Und daß die zusätzliche Bezeichnung Überwasser mit der vorbeifließenden Aa zusammenhängt, deren Wasser man überschreiten mußte, wenn man von der Domburg in das Kloster wollte.

Vor allem aber gäbe es von dieser Kirche zu berichten, daß die Wiedertäufer den Turmhelm abgetragen und obendrauf eine Kanonenplattform eingerichtet hatten. Von hier aus haben sie die Belagerer der Stadt beschossen und in Angst und Schrecken gejagt. Durch die Höhe des Kirchturmes hatten die Wiedertäufer einen guten Überblick und eine vortreffliche Schußposition über die Festungswälle hinweg. Insofern waren sie den feindlichen Heeren gegenüber erheblich im Vorteil.

Da die Wiedertäufer auch keinen Respekt hatten vor den Kunstwerken der Kirche, entfernten sie die überlebensgroßen Figuren der Madonna und der Apostel vom Eingangsportal und benutzten sie zur Verstärkung der Kreuzschanze.

Diese bemerkenswert schönen Figuren, die zu den besten Werken ihrer Zeit gehörten, wurden inzwischen bei Ausgrabungsarbeiten wiedergefunden. Sie sind jetzt im Westfälischen Landesmuseum für Kunst und Kulturgeschichte zu sehen. Die heute das Eingangsportal der Kirche schmückenden Figuren sind erst vor rund achtzig Jahren entstanden.

Wir betreten das Innere der Überwasserkirche. Hier sind das Altarbild mit der Himmelfahrt Mariens, zwei große mittelalterliche Tafelbilder im Turmraum sowie der Taufstein aus Alabaster mit Motiven aus der Pflanzenwelt sehenswert.

Dann gehen wir weiter zur Aa. Von der Brücke aus sehen wir auf der gegenüberliegenden Seite eine weiße Madonnenfigur, malerisch eingerahmt vom Grün der Bäume und Büsche, je nach Jahreszeit auch von bunten Blüten. Vor der ,,Madonna an der Aa" treffen sich häufig fromme Beter.

Der Aa-Uferweg, entgegen der Strömung des Wassers, führt uns zur hübschen kleinen Petrikirche, die ehemals zu einer Jesuitenschule gehörte. Sie wurde später Schulkirche des Paulinums, des ältesten Gymnasiums Deutschlands.

Ein paar Treppenstufen bringen uns nach oben auf den Horsteberg, der beherrscht wird von dem großen Paulus-Dom. Im Vordergrund steht die Bronzefigur eines Mannes. Sie stellt den Freiherrn von Fürstenberg dar, der vor zweihundert Jahren die Westfälische Wilhelms-Universität in Münster gründete. Er hätte sich nicht träumen lassen, daß er heute auf über 40 000 Studenten in dieser Stadt hinabblicken kann.

Unter diesen Studenten sind natürlich immer einige, die ihren Schabernack mit dem greisen Universitätsgründer treiben. Sie malen seine Lippen oder seine Nase mit Lippenstift an oder behängen ihn mit Blumengirlanden. An solche Streiche hat sich der Freiherr inzwischen gewöhnt; sie lassen ihn kalt, zumal er aus Bronze ist.

BEI REGENWETTER INS MUSEUM

Die Münsteraner tun häufig so, als ob sie sich und andere davon überzeugen wollen, daß es in ihrer Stadt besonders viel regnet. „Entweder es regnet, oder die Glocken läuten, und wenn beides zusammenkommt, dann ist Sonntag!" lautet einer ihrer Aussprüche. Dabei wissen sie, daß es hier manchmal sogar weniger regnet als in anderen Gegenden Deutschlands.

Trotzdem können wir natürlich einige Regentage erwischen. Und dann wäre es sicherlich nicht verkehrt, wenn wir an solchen Tagen in ein Museum gingen.

An der Ecke von Domplatz und Pferdegasse, direkt gegenüber dem Bronzedenkmal des Freiherrn von Fürstenberg, bietet sich das erste Museum an. Es ist das Westfälische Landesmuseum für Kunst und Kulturgeschichte. Neben ständig wechselnden großen Kunstausstellungen können wir hier insbesondere die aus der Überwasserkirche stammenden Figuren sowie einen Raum mit Bildern und Gegenständen aus der Zeit des Dreißigjährigen Krieges und des Westfälischen Friedens vor über 330 Jahren bewundern.

Der ganz modernen Kunst hat sich der Westfälische Kunstverein meistens in seinen Ausstellungen verschrieben. Sie zeugen von spielerischem Tun und viel Phantasie. Vielleicht finden wir gerade hier unseren Spaß.

Im angrenzenden Gebäude zur Rothenburg hin ist das Westfälische Landesmuseum für Vor- und Frühgeschichte. Allein hier kann man stundenlang gucken und staunen. Wir erfahren, wie die alten Germanen gelebt und in ihren Höhlen gehaust, wie sie Häuser gebaut und ihre Toten bestattet haben. Gefundene Faustkeile, Tonkrüge, Trinkgefäße, Urnen, Pfeilspitzen, Streitäxte, Armreifen, Fingerringe künden davon. Interessant ist es vor allem auch zu erfahren, wie die Forscher bei den Ausgrabungen vorgegangen sind.

Gegenüber, ebenfalls an der Pferdegasse, ist das Geologisch-Paläontologische Museum. Hinter diesem unaussprechlichen Namen verbirgt sich eine Sammlung von Funden aus der Erdgeschichte und Überresten früherer Lebewesen. In der Eingangshalle des Geologischen Museums in der Pferdegasse steht das Skelett eines Mammuts, das in einer Tongrube bei Ahlen gefunden wurde.

Sehenswert ist auch das benachbarte Archäologische Museum mit einer Schausammlung griechischer Kunst. Das Museum für Kristalle und Gesteine finden wir an der Hüfferstraße.

Ein weiterer Besichtigungspunkt für Regenwetter könnte das Westfälische Landesmuseum für Naturkunde mit riesengroßen versteinerten Schnecken und dem ausgestopften Affen Lehmann des „unwiesen Profässers" sein. Oder wir machen einen Besuch im Stadtarchiv oder im neu gegründeten Stadtmuseum, das einen Schwerpunkt auf die Zeit der Wiedertäufer legt.

Außerdem warten das volkskundliche Zentrum Mühlenhof und der Allwetterzoo mit dem Delphinarium auf unseren Besuch. Es gibt also genug zu entdecken in dieser Stadt – auch wenn es regnen sollte.

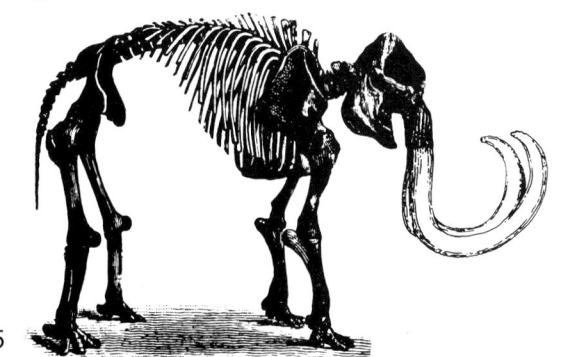

PROMENADENBUMMEL MIT ABSTECHERN

Rund um den mittelalterlichen Stadtkern Münsters zieht sich heute die Promenade. Sie entstand da, wo früher die Stadtmauern, die Festungswälle und die Wassergräben waren.

Die alte Stadtbefestigung war überflüssig geworden, weil sich neuzeitliche Kriegstechnik mit weittragenden Kanonen und zerstörerischen Granaten nicht mehr davon aufhalten ließ. Freiherr von Fürstenberg, derselbe, den wir von seinem Bronzedenkmal als Universitätsgründer kennen, ließ die Befestigungen abreißen und an ihrer Stelle den Promenadenwall errichten und mit Lindenbäumen bepflanzen. Münster wird seitdem auch die „Stadt im Lindenkranz" genannt. Fremde loben an der Promenade auch, daß durch sie die Stadt übersichtlich ist und man sich nicht so leicht verlaufen kann.

Die 4 500 Meter lange Promenade ist zugelassen für Radfahrer und für Kutschwagen. Sie lädt aber auch ein zu einem Bummel zu Fuß mit Abstechern.

Es brodelt und zischt im Untergrund

Vom Dom aus finden wir am einfachsten zur Promenade, wenn wir die Pferdegasse und die Aegidiistraße hinuntergehen. Wir stoßen dann auf den Lindenkranz am Aegidiitor.

Hier ist die mittelalterliche Bezeichnung, die auf eines der alten Stadttore hinweist, immer noch üblich. Wenn wir auf den Stadtplan schauen, lesen wir die Namen weiterer alter Stadttore: Ludgeritor, Servatiitor, Mauritztor, Neubrückentor, Neutor, Frauentor. Ursprünglich gab es elf Tore in der Stadtmauer.

Am Aegidiitor angekommen, wenden wir uns nach links. Oberhalb einer Rasensenke sehen wir eine mit groben Natursteinen befestigte Erhebung. Wir können uns vielleicht vorstellen, daß dies früher eine Bastion war, auf der die Kanonen standen. Das Wasser auf der anderen Seite heißt denn auch Kanonengraben und ist ein erhaltenes Teilstück des Stadtgrabens.

Natürlich sah der Stadtgraben früher anders aus. Er war sicherlich nicht so sauber und gepflegt. Aber schöne Grünanlagen sind heute der Stolz von fleißigen Stadtgärtnern. Ihrem Einfallsreichtum haben wir auch die Entenfutterstelle am Kanonengraben zu verdanken. Über bequeme Treppenstufen kommen so auch Kinder und ältere Leute gefahrlos bis unmittelbar an das Wasser, denn sie sind es ja, die vor allem den Wasservögeln Brotstückchen zuwerfen.

Beim Weitergehen sollten wir jetzt einmal besonders scharf nach rechts und links gucken. Sicher fallen uns dann hinter den äußeren Baumreihen schwarze pilzförmige Gebilde auf. Sie stehen wie richtige Pilze immer zu mehreren in einer Gruppe.

Gehen wir näher oder halten gar ein Ohr an die Pilze, können wir manchmal hören, wie es im Untergrund brodelt und zischt. Was mag das sein? Eine neuentdeckte Pflanzenart? Oder wurde Münster gar auf einem Vulkan erbaut? Des Rätsels Lösung: Hier hört man die Überdruckventile der zentralen Warmwasserheizung, die von den Stadtwerken betrieben wird. Den hohen Schornstein des Heizwerks haben wir vom Stadthausturm gesehen.

Drei rotierende Quadrate in der Engelenschanze

Ebenfalls von der elften Etage der Stadtverwaltung haben wir den Turm der Ludgerikirche gesehen. Wenn wir jetzt ein paar hundert Meter Richtung Stadtzentrum gehen, können wir diese Kirche besichtigen. Sie wurde um 1200 erbaut und gehört mit zu den ältesten Stadtkirchen.

Vor der Kirche steht eine Mariensäule, umgeben von schönen schmiedeeisernen Gittern und bunten Blumenbeeten. Sie wurde zu Beginn dieses Jahrhunderts errichtet. Vorbild war die berühmte Mariensäule in München.

Am früheren Ludgeritor vorbei führt uns der Weg zur Engelenschanze, einem ehemals ausgebauten Festungswerk, heute umgewandelt zu einer Grünanlage. Mitten auf der Rasenfläche steht hier eine moderne Plastik: drei rotierende Quadrate aus Edelstahl, die vom Wind bewegt in der Sonne blitzen.

Wenn wir noch weiter entlang der Promenade gehen, überqueren wir nach wenigen Metern die Windthorststraße, die zum Hauptbahnhof führt. In dieser Richtung liegt auch das Stadtmuseum, das im ehemaligen Gerling-Haus untergebracht ist und zu dem wir einen kurzen Abstecher machen können. Hier sind interessante Einzelheiten aus der Geschichte der Stadt zusammengetragen, wobei ein Schwerpunkt bei der Zeit der Wiedertäufer liegt. Außerdem gibt es wechselnde Ausstellungen zu weiteren interessanten Themen.

Vor dem Stadtmuseum an der Engelenschanze stehen zwei Kanonen aus dem Siebenjährigen Krieg. Sie gehörten damals den Belagerern der Stadt Münster.

Wieder zurück auf der Promenade, gehen wir jetzt in Richtung Servatiiplatz. Stadteinwärts sehen wir die Synagoge, das Bethaus der jüdischen Kultusgemeinde in Münster. Ein Gedenkstein weist darauf hin, daß die alte Synagoge an derselben Stelle dem Wüten des Naziterrors zum Opfer gefallen ist. Sie wurde in der sogenannten Kristallnacht, am 9. November 1938, angezündet. Gleichzeitig zerstörten aufgestachelte Horden viele jüdische Geschäfte.

Gar nicht weit von der Synagoge entfernt ist die kleine Servatiikirche, die wir ebenfalls besuchen sollten. Sie ist ein besonders liebenswertes Stück des alten Münsters und wurde ursprünglich vor 1200 erbaut. Heute ist sie die Kirche der Ewigen Anbetung der Katholiken in dieser Stadt. Ein Flügelaltar zeigt Bilder aus dem Marienleben, der geschnitzte Schrein die Krönung Mariens.

Wo gibt's schon ein Schinkendenkmal!

Kurz hinter dem Servatiiplatz mündet die Promenade in einen Tunnel. Diese Untertunnelung im Bereich Mauritztor war wegen des modernen Straßenverkehrs notwendig. Sie wurde allerdings so behutsam vorgenommen, daß der alte Lindenbestand der Promenade weitgehend erhalten blieb.

Auch bei diesem Bauvorhaben stieß man auf Spuren der Wiedertäufer. Die Arbeiter fanden zwei alte Grabplatten, die heute am Anfang und Ende des Tunnels eingelassen sind.

Wenn wir den Tunnel durchschritten haben, sehen wir zur Rechten einen runden Denkmalklotz. Es ist ein 1909 geschaffenes Kriegerdenkmal. Der Künstler hat die Soldaten nackt dargestellt. Sie kehren uns ihre unbekleideten Rückseiten zu. Volks- und Kindermund haben deshalb dieses Denkmal zum Schinkendenkmal ernannt. Denn das, was uns hier bei den rundum verteilten Figuren vor allem ins Auge sticht, sind bei den westfälischen Schweinen die wohlschmeckenden Schinken.

Hinter dem Schinkendenkmal ist das Landeshaus, das Verwaltungsgebäude des Landschaftsverbandes Westfalen-Lippe, der in Münster die Westfälischen Landesmuseen unterhält und zu dessen Aufgaben außerdem die Sozialhilfe, das Gesundheitswesen und der Straßenbau gehören.

Vom Turm des Landeshauses erklingt um 8 Uhr, um 13 Uhr und um 20 Uhr ein Glockenspiel. Die kleinen Liedchen wechseln im Ablauf des Jahres. Sie sollen den Vorübergehenden Freude machen.

Ein wenig weiter stoßen wir auf die kreuzende Hörsterstraße. Hier befand sich früher das Hörstertor.

Auf der gegenüberliegenden Seite der großen Rasenfläche liegt das Franziskanerkloster, ein schöner schlichter Backsteinbau aus neuerer Zeit.

Das rote Backsteingebäude mit dem modernen Betonanbau beherbergt das Staatsarchiv. Alte Urkunden, Landkarten und Akten aus dem ganzen Land werden hier aufbewahrt und wissenschaftlich ausgewertet.

Gar nicht weit entfernt, stadteinwärts auf der rechten Seite der Hörsterstraße, liegt das Stadtarchiv. Es ist in dem schönen ehemaligen Lotharinger Kloster, einem Barockbau von Johann Conrad Schlaun, untergebracht. Hier kümmert man sich um die Geschichte der Stadt, bewahrt alte Dokumente auf und erforscht Zusammenhänge. Manchmal finden auch Ausstellungen statt. Wir können das Stadtarchiv aber auch so besuchen und uns im Lesesaal ein paar besonders eindrucksvolle alte Urkunden zeigen lassen.

Gefangene mußten Wasser pumpen

Der Promenade weiter folgend kommen wir zu der Ruine eines wuchtigen runden Bauwerks mit über zwei Meter dicken Mauern. Es ist der ehemalige Zwinger, den der münstersche Fürstbischof Franz von Waldeck nach der Niederschlagung der Wiedertäufer errichten ließ. In ihm hatte er ständig einen Trupp Soldaten stationiert, damit künftig Aufstände der Bürger Münsters oder bestimmter Gruppen schon im Keim erstickt werden konnten.

Später sollen in dem Zwinger auch gruselige Dinge geschehen sein. Er wurde umgebaut zum Gefängnis. Und die schwerbestraften Gefangenen mußten ständig pumpen, um nicht im aufsteigenden Wasser der anliegenden Aa zu ertrinken.

Gar nicht weit von hier, an der Gartenstraße, befindet sich das heutige Gefängnis. Weil es sehr lange dauern kann, bis man hieraus entlassen wird, bezeichnet der Volksmund die Gartenstraße als die längste Straße Münsters.

Im Zwinger hat es auch eine Pulvermühle gegeben. Sie explodierte eines Tages, wobei das Dach abbrannte. Im Innenhof soll ein Galgen gestanden haben, an dem fahnenflüchtige Soldaten aufgehängt wurden. Später diente der Zwinger auch freundlicheren Zwecken. Er wurde einem Maler zur Künstlerklause.

Wenn wir uns heute in den Innenraum des Zwingers stellen und die Augen schließen, können wir den Hauch der Geschichte vielleicht spüren: da sind grölende Soldaten zu hören. Aus den Kerkern dringt das Gestöhne der Gefangenen. Ketten rasseln. Feuchtkalte Luft schlägt uns entgegen. Fledermäuse schwirren lautlos um unsere Köpfe.

Aber zurück in die Gegenwart. Wenige Meter weiter stoßen wir auf die Kanalstraße. Ihr Name erinnert an den Max-Clemens-Kanal, der von hier seinen Anfang nahm und bis nach Holland führte. Als er gebaut wurde, mußten die Lastschiffe noch mit Pferden gezogen werden, die nebenher auf einem sogenannten Treidelpfad liefen. Der Kanal ist inzwischen lange versandet. Seine Trasse kann man jedoch außerhalb der Stadt noch weit verfolgen.

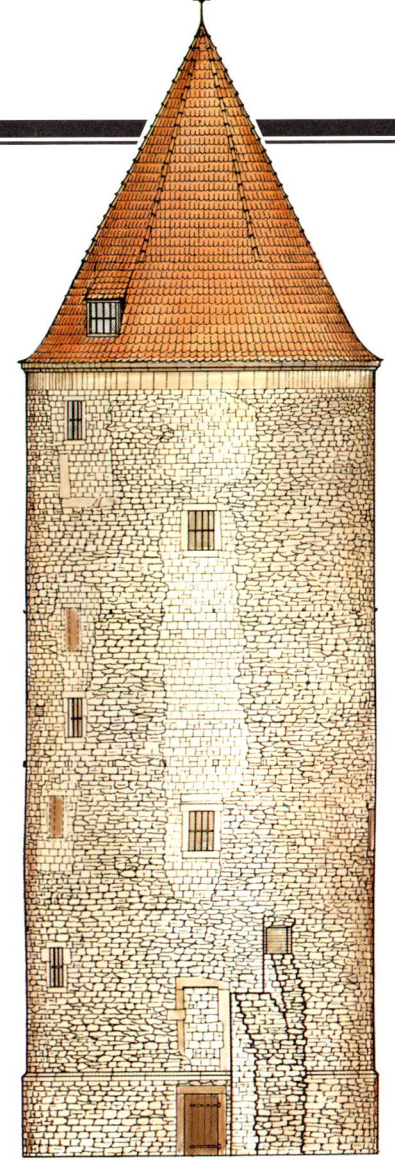

Wenn wir der Kanalstraße einige hundert Meter stadtauswärts folgen, kommen wir zum Schlachthof, der für die Stadt und für die umliegende Landwirtschaft große Bedeutung hat.

Am Anfang der Kanalstraße wurde von einem freundlichen Apotheker ein Kräutergarten angelegt. Er erinnert an die mittelalterlichen Gärten, die vom Kaiser wegen ihrer Bedeutung für die Volksgesundheit vorgeschrieben waren. Hier können wir auf säuberlich gemalten Schildchen die Namen und interessante Einzelheiten über die verschiedenen Heilkräuter nachlesen, auf deren Wirksamkeit man sich heute neu besonnen hat.

Das nächste Bauwerk, das unsere Aufmerksamkeit erregt, ist der Buddenturm. Er stammt noch von der ersten Stadtbefestigung. Und er steht ungefähr an der Stelle, wo in der Johannisnacht 1535 die Belagerer in die von den Wiedertäufern beherrschte Stadt eingelassen wurden.

Der Buddenturm war zunächst eine Unterkunft für Soldaten. Aber auch er wurde später zum Gefängnis umgewandelt. Die Bürger der Stadt vermuteten hinter seinen Mauern sogar eine grausame Foltereinrichtung: Eine ,,Eiserne Jungfrau", die den armen Verurteilten mit Messern und Dolchen blutig umarmte und ihn dann in tiefes Wasser stürzen ließ.

Der Name Buddenturm geht zurück auf das niederdeutsche Wort ,,Budde", was soviel wie böser Mann bedeutet, ist also ein Hinweis auf das Gefängnis, das es hier gab.

Heute dient der Buddenturm natürlich anderen Zwecken. Unter seiner roten Dachhaube mit dem Drachentöter Sankt Georg in der Wetterfahne befindet sich eine elektrische Umspannstation der Stadtwerke. Ein Beispiel dafür, wie ein historisches Bauwerk in unserer Zeit verwendet werden kann.

EIN WASSERBÄR BRUMMT NICHT

Der folgende Bereich der Kreuzschanze wird von vielen Münsteranern als der schönste Teil der Promenade angesehen. Auch hier gibt es einen Teil des früheren Wassergrabens mit einer Entenfutterstelle, große alte Bäume und verschwiegene Spazierwege. Mittendrin liegt der Liebeshügel mit versteckten Sitzbänken. Und vielleicht sind es die ersten Küsse, die hier ausgetauscht wurden und die Erinnerung daran, die diesen Promenadenabschnitt so sehr verklären.

Da ist aber noch mehr. Beispielsweise stehen da die Denkmäler der Dichterin Annette von Droste-Hülshoff, des ersten münsterschen königlichen Musikdirektors Julius Otto Grimm und des aus Münster stammenden Zoologen Bernhard Altum, beziehungsreich in Form einer steinernen Eule.

Ganz in der Nähe gibt es einen alten Wasserbär. Keine Angst! Dabei handelt es sich nicht um ein gefährliches Raubtier oder um eines der possierlichen Stofftiere für kleine Kinder. Dieser Bär brummt nicht. Und noch weniger kann er uns durch Prankenhiebe oder scharfe Bisse gefährlich werden.

Es handelt sich vielmehr um ein Bauwerk zur Regulierung des Wasserstandes in den alten Befestigungsgräben. Es besteht aus einer Sperrmauer und einem aus Ziegelsteinen gemauerten Rundturm. Und die Bezeichnung Wasserbär ist wohl zurückzuführen auf das Wort ,,Wasserwehr", das die Aufgabe auch wohl treffender beschreibt.

FLEISCH FRESSENDE PFLANZEN

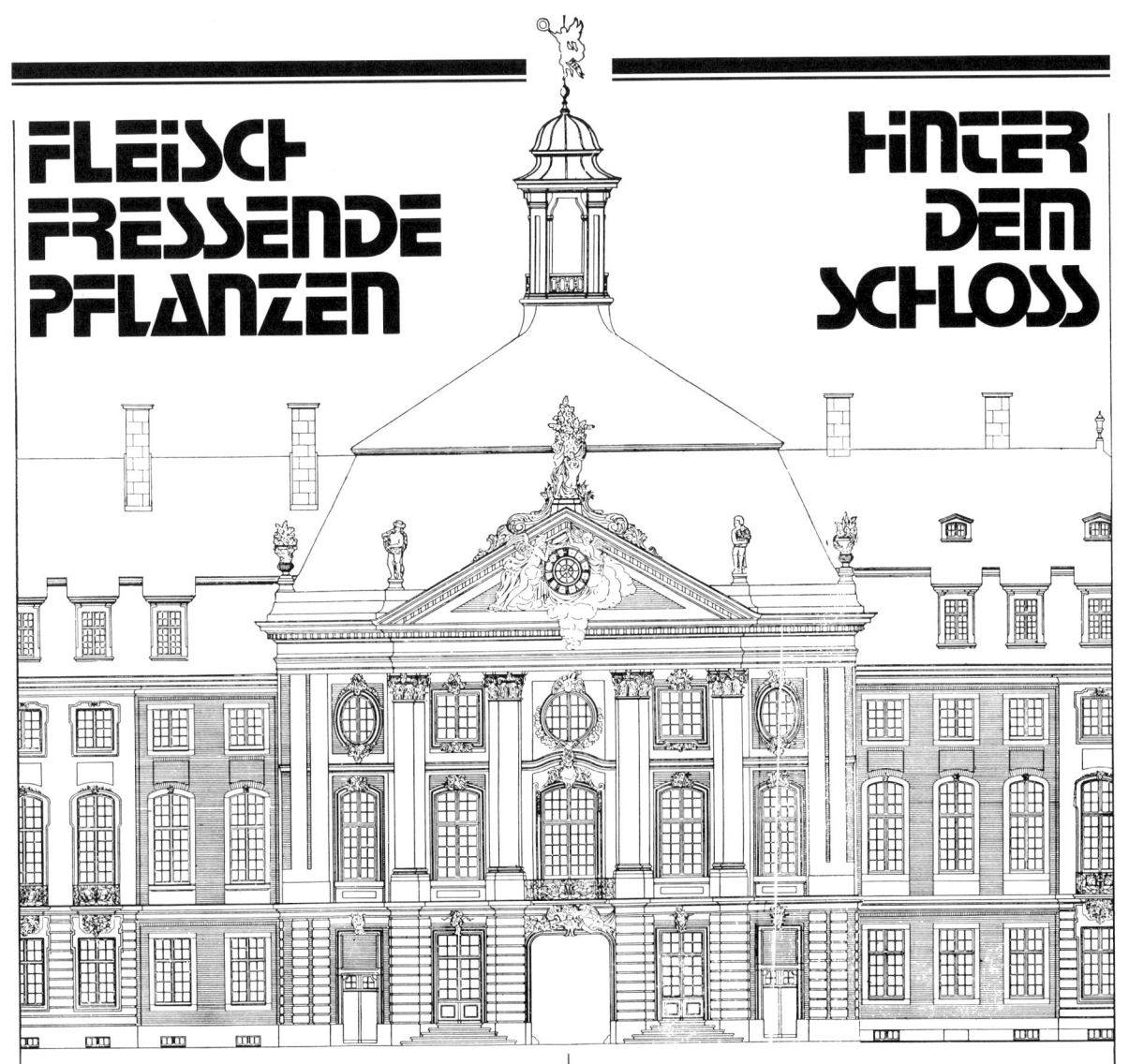

HINTER DEM SCHLOSS

Die Promenade führt uns zum Neuplatz, einem der größten Plätze Europas. Er ist meistens vollgeparkt mit Personenwagen und Autobussen, weil man nur fünf Minuten braucht, um zu Fuß in die Innenstadt zu kommen. Zu anderen Zeiten gastiert hier auch ein Zirkus. Dreimal im Jahr findet der münstersche Send statt.

In den Sommermonaten machen hier jung und alt bei einem großen Flohmarkt mit, auf dem Bücher, Spielzeug, alte Bekleidung, Einrichtungsgegenstände und Schmuck gehandelt werden. Kinder dürfen ihre Stände kostenlos aufbauen.

Wenn wir genau in der Mitte des Neuplatzes angelangt sind, sehen wir vor uns das ehemalige Fürstbischöfliche Schloß. Es ist ein prachtvoller, aus hellem Sandstein und rotem Klinker errichteter Bau, der am schönsten aussieht am späten Nachmittag beim Licht der untergehenden Sonne. Dann erkennen wir den plastischen Schmuck besonders deutlich, und hoch oben leuchtet die echtvergoldete Siegesgöttin.

Das Schloß ist heute der Hauptsitz der Westfälischen Wilhelms-Universität. Hier hat der Rektor sein Büro. Die Zeiten, da das Schloß noch mit prächtigen Sälen ausgestattet war, deren glänzender Parkettfußboden nur mit übergezogenen Filzpantoffeln betreten werden durfte, sind lange vorbei. Davon erzählen uns höchstens ein paar Urgroßväter mit leuchtenden Augen.

Ursprünglich stand an der Stelle des Schlosses eine Zitadelle, ein Befestigungsbauwerk. Die hier stationierten Soldaten sollten jedoch nicht nur die Stadt verteidigen, sondern auch die Bürger Münsters einschüchtern. Sie sollten sie daran hindern, sich gegen den Fürstbischof aufzulehnen. Damals hatte die Kirche auch weltliche Macht.

Als später die Stadtbefestigung abgerissen wurde, fiel auch die Zitadelle. Das nach zwanzigjähriger Bauzeit fertiggestellte Schloß wurde bewohnt von Generälen aus Preußen und von Napoleons Gnaden aus Frankreich.

Allerdings haben sich die zwangsweise hier einquartierten Generäle auch nicht unbedingt wohlgefühlt. Die Münsteraner ließen sie spüren, daß sie sie nicht gerne sahen. So verhängten sie einmal sämtliche Fenster ihrer Häuser. Der preußische General Blücher ließ damals die Bemerkung fallen: „Münster und die Münsteraner gefallen mich nich!"

Hinter dem Schloß liegt der Schloßgarten mit schönen alten Bäumen und mittendrin der Botanische Garten. Früher wurden solche Gärten aus Liebhaberei angelegt. Für die Fürsten und herrschenden Kreise waren sie ein Hobby. Niemand durfte sie betreten. Heutzutage sind die Gärten da zur Erholung aller Bürger; außerdem dienen sie der fachlichen Ausbildung der Studenten.

Im Botanischen Garten dürften uns vor allem die Gewächshäuser interessieren. Da gibt es riesengroße Kakteen in verschiedenen Arten, Bananenstauden und Zitrusfrüchte.

Am spannendsten sind aber wohl die fleischfressenden Pflanzen. Sie ernähren sich von Fliegen, Mücken und anderen Insekten, die sie mit einer klebrigsüßen Flüssigkeit anlocken und festhalten. Dabei überrascht uns vor allem die sonst in der Pflanzenwelt nicht übliche Geschwindigkeit, mit der diese Pflanzen reagieren.

In der Mitte des Botanischen Gartens wurde ein künstlicher kleiner See angelegt. Hier können wir, wenn wir Glück haben, eine Entenmutter mit ihren Jungen beobachten; oder uns an den blühenden Seerosen, den verschiedenen Schilfgewächsen und an der malerischen Umgebung erfreuen. Eine kurze Ruhepause, etwa mit den bloßen Beinen im Wasser baumelnd, dürfte uns bestimmt guttun.

Ein Stück der alten Stadtmauer

Vom Schloßgarten aus überqueren wir die Hüferstraße und kommen zu dem gärtnerisch gestalteten Gelände des ehemaligen Zoologischen Gartens. Hier gibt es auch einen Wasserbär aus der damaligen Stadtbefestigung. Ein paar übriggebliebene Tiergehege, der Ententeich und vor allem die sagenhafte Tuckesburg erinnern an das Lebenswerk des Zoogründers Professor Landois.

Der Zoo mußte dem gigantischen Bürogebäude der Landesbausparkasse weichen, das hier seit einigen Jahren steht.

Über eine schmale Brücke gelangen wir über die Aa. Die Promenade steigt stark an. Wir können uns vorstellen, daß solch ein Wall, wenn er auch noch mit schwerbewaffneten Soldaten besetzt war, den feindlichen Heeren ein fast unüberwindliches Bollwerk bot.

Vom Scheitelpunkt dieses Promenadenabschnitts hat man den schönsten Blick auf die Altstadt Münsters. Dieses Panorama mit dem mächtigen Kirchturm von Überwasser, den beiden Domtürmen und dem steil aufstrebenden Turm der Lambertikirche prägt sich unauslöschlich ein.

Im Vordergrund ist ein Stück der alten Stadtmauer erhalten geblieben. Aus den unterschiedlichen Steinmaterialien kann man deutlich erkennen, daß zu verschiedenen Zeiten daran gebaut wurde. An einer Stelle steckt noch eine Kanonenkugel zwischen den Steinen, möglicherweise das Überbleibsel einer vergeblichen Belagerung.

Vor der Stadtmauer fließt die Aa lang, eingezwängt in ein Betonbett, langweilig und seicht.

Zwischen Aa und Stadtmauer liegt ein seit Jahrzehnten liebevoll gepflegter Garten. Schauen wir einmal näher hin, dann erkennen wir aus der Hecke herausgeschnittene Tiere: eine Schlange, einen Hund, einen Schwan und einen Löwen.

Hinter der Stadtmauer ist Deutschlands ältestes Gymnasium, das Paulinum. Das Hallenbad zur Linken wurde nach dem Kriege unter tatkräftiger Beteiligung der Bürgerschaft wiederaufgebaut. Es war lange Zeit das einzige beheizbare Schwimmbecken in der Stadt.

Die Grünfläche zwischen Promenadenwall und Aa ist die Westerholt'sche Wiese. Auf ihr findet alljährlich das zur Tradition gewordene ,,Turnier der Sieger" statt, bei dem sich vor der Winterpause noch einmal die besten Reitsportler Deutschlands mit ihren berühmten Pferden treffen. Bei den Wettbewerben gilt die in der Mitte der Wiese aufgebaute Westfalenschanze als ein besonders schwieriges Hindernis.

Unser Promenadenbummel ist beendet. Wir sind wieder am Ausgangspunkt, dem Aegidiitor, angelangt.

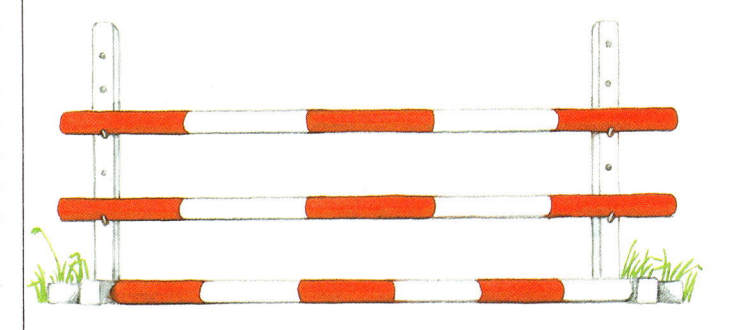

Großer Freizeitraum

in Stadtnähe

Vom Stadthausturm, später auch vom Promenadenwall am Aegidiitor, konnten wir die glitzernde Wasserfläche des Aasees erkennen. Er ist der Mittelpunkt eines großen Freizeitraumes, dessen besonderer Vorteil die Nähe zur Stadt ist. In wenigen Minuten ist der Fußweg vom Domplatz bis hierher zu schaffen.

Bunte Segelboote. Junge Leute in Ruderbooten, Paddelbooten oder Tretbooten. Mütter mit Kinderwagen. Männer und Frauen, die ihre Hunde ausführen. Fangenspielende Kinder. Herausgeputzte Bürger im Sonntagsanzug. Schnaufende Dauerläufer. Engumschlungene, verliebte Paare. Sonnenhungrige Studenten und Rentner auf den Ruhebänken. Angler. Bei Sturm schlagen die Wellen bis zu einem Meter hoch.

Dabei hat dieser Freizeitraum am Aasee eine wichtige Aufgabe ganz anderer Art für die Stadt Münster, von der die wenigsten Bürger eine Ahnung haben. Allerdings spüren sie die Auswirkungen am eigenen Leibe.

Bei einem Blick auf den Stadtplan erkennen wir, daß der Aasee mit dem Sportpark Sentruper Höhe, dem Freilichtmuseum Mühlenhof und dem Allwetterzoo von der freien Landschaft bis an die Promenade heranreicht. Dieser zusammenhängende Raum ist wie ein großer Keil mit der Öffnung nach Südwesten. Seine Lage entspricht der Hauptwindrichtung. Und so sorgt die vom Aasee kommende frische Luft dafür, daß die Innenstadt im Sommer nicht zum Backofen wird und daß die Abgase der Autos nicht in den engen Straßen hängenbleiben.

Früher standen in der Aaniederung vor dem Aegidiitor die meisten Windmühlen der Stadt. Sie nutzten ebenfalls den Wind, der aus Südwesten kommt.

Ein jahrhundertealter Traum

Das Wasser der Aa, die in den nahen Baumbergen entspringt, leiteten die Münsteraner im Mittelalter in die Gräben der Stadtbefestigung. Die Aa führte jedoch unterschiedlich viel Wasser. Wenn es lange Zeit geregnet hatte, drohte eine Überschwemmung. Die Aawiesen vor dem Aegidiitor, wo sich jetzt der Aasee erstreckt, waren im Winter und Frühjahr regelmäßig vom Wasser überspült.

Bei längeren Trockenperioden im Sommer begannen dagegen die Befestigungsgräben rund um die Stadt auszutrocknen. Die Sicherheit der Bürger war bedroht.

Es gab also den jahrhundertealten Traum, vor den Toren der Stadt einen Stausee anzulegen. Mit ihm konnten Überschwemmungen vermieden werden. Und auch in trockenen Zeiten war genügend Wasser da für die Befestigungsgräben.

Als der Traum der Bürger Münsters endlich in Erfüllung gehen sollte, gab es längst keine Stadtbefestigung mehr. 1926 erst beschloß die Stadtverordnetenversammlung den Bau des Aasees. Im Jahr zuvor hatte es katastrophale Überschwemmungen der Aawiesen und weiter Teile der Stadt gegeben. Die Arbeiten konnten als Notstandsmaßnahme vergeben werden. Damals herrschte große Arbeitslosigkeit in Deutschland.

Die Stadt kaufte geeignete Bagger, die notwendigen Schmalspurschienen sowie die passenden Lokomotiven und Kippwagen. Die Arbeiten dauerten mehrere Jahre. Dabei ereignete sich auch ein tragischer Unglücksfall. Eine Gedenktafel aus Bronze, die an der großen Freitreppe angebracht wurde, erinnert daran.

Die letzte Überschwemmung, die die Aa dann doch noch verursacht hat, trat nach dem Zweiten Weltkrieg ein. Weil das betonierte Aabett und die Stauwehre mit Trümmerschutt verstopft waren, konnte das Wasser nicht richtig abfließen. Weite Teile der Innenstadt und des an den Aasee grenzenden Stadtteils Pluggendorf wurden vom Hochwasser überspült. Der Besuch beim Kaufmann an der Ecke war nur mit dem Paddelboot möglich. Oder man mußte über wacklige Stege aus Steinen und Brettern balancieren. Herrlich aufregende, spannende Zeiten für Kinder!

EISKÖNIGE VERMIETETEN ROSTIGE SCHLITTSCHUHE

Der Bereich des jetzigen Aasees war für junge Leute schon immer eine besonders interessante Gegend. Durch feuchte Wiesen schlängelte sich da die Aa. Im Sommer brachten die Frauen und jungen Mädchen die Wäsche hierhin, breiteten sie sorgfältig auf dem grünen Gras aus und ließen sie von der Sonne bleichen. So moderne Vollwaschmittel, wie es sie heute gibt, mit Weichspülern und chemischen Weißmachern, waren damals noch unbekannt. Man wußte allerdings die Bleichkraft der Sonne zu nutzen.

Später, als der Aasee in seinem ersten Teil bis zur Torminbrücke mit den Betonbögen ausgebaggert war, boten die sumpfigen Aawiesen dahinter eine abenteuerliche Spielgelegenheit. Man konnte die Nester von Wildenten oder von Kiebitzen entdecken, Vögel bei der Futtersuche beobachten oder Frösche fangen. Einer Mutprobe kam es gleich, wenn man versuchte, den etwa 1,50 Meter breiten Gievenbach zu überspringen. Er mündet hier in die Aa.

Im Winter sah alles natürlich anders aus. Dann waren die Aawiesen vom Hochwasser überschwemmt. Wenn Frost kam, boten sich große Eisflächen zum Schlittschuhlaufen an. Oft war es aber so, daß das Eis durch Rauhreif oder nachträglich gefallenen Schnee stumpf wurde. Dann traten die Eiskönige an. Das waren stadtbekannte Originale, die mit großen Reisigbesen die Eisfläche freifegten. Sie stellten hölzerne Garderoben auf und vermieteten für fünf Pfennige rostige Schlittschuhe oder unförmige Schlitten.

Der Bau des Aasees war auch finanziell nicht ganz problemlos gewesen. So gestaltete sich der Bau der Brücke am Abfluß der Aa aus dem Aasee als äußerst schwierig. Ihren volkstümlichen Namen „Goldene Brücke" bekam sie, weil die nachträglich bekannt gewordenen Schwierigkeiten angeblich mit Gold aufgewogen werden konnten; mit anderen Worten: die Brücke war erheblich teurer als ursprünglich geplant.

Der endgültige Ausbau des Aasees wurde 1975 durch die großzügige Förderung des Landes Nordrhein-Westfalen ermöglicht. Dabei hat man berücksichtigt, daß sich nach einer Erneuerung der trennenden Betonbrücke zwischen oberem und unterem Aasee eine Regattastrecke von 2000 Metern ergibt.

Aasee-Schiffahrt mit dem Wasserbus

Im Bereich des Aasees bieten sich schön ausgebaute Spazierwege an mit Ruhebänken zwischendurch, mit Liegewiesen, einem Aussichtshügel, Kinderspielflächen, Stegen für Modellboote und Angler, mit einem Bootsverleih, zwei Segelhäfen und den Anlegern des Motorboot-Linienverkehrs. Ab Goldener Brücke bis hin zum Allwetterzoo verkehrt der Wasserbus. Ein Zwischenhalt wird am Freilichtmuseum Mühlenhof gemacht.

Da der Aasee nur eine Wassertiefe von zwei Metern hat, mußte das Boot für die Aasee-Schiffahrt entsprechend konstruiert werden. Es entstand nach dem Vorbild der Grachtenboote in Amsterdam und wurde von einer Werft am Dümmer See gebaut. Das Boot ist 17 Meter lang, vier Meter breit und verfügt über einen Tiefgang von sechzig Zentimetern. Es kann 60 Passagiere aufnehmen. Angetrieben wird es von zwei Motoren. Das Festmachen am Landesteg geschieht mit Hilfe von starken Elektromagneten.

Daß das Boot den Namen ,,Professor Landois" erhielt, lag eigentlich nahe. Schließlich erreicht man mit ihm auf überaus bequeme Weise den Allwetterzoo, der die Tradition des alten münsterschen Zoos fortführt.

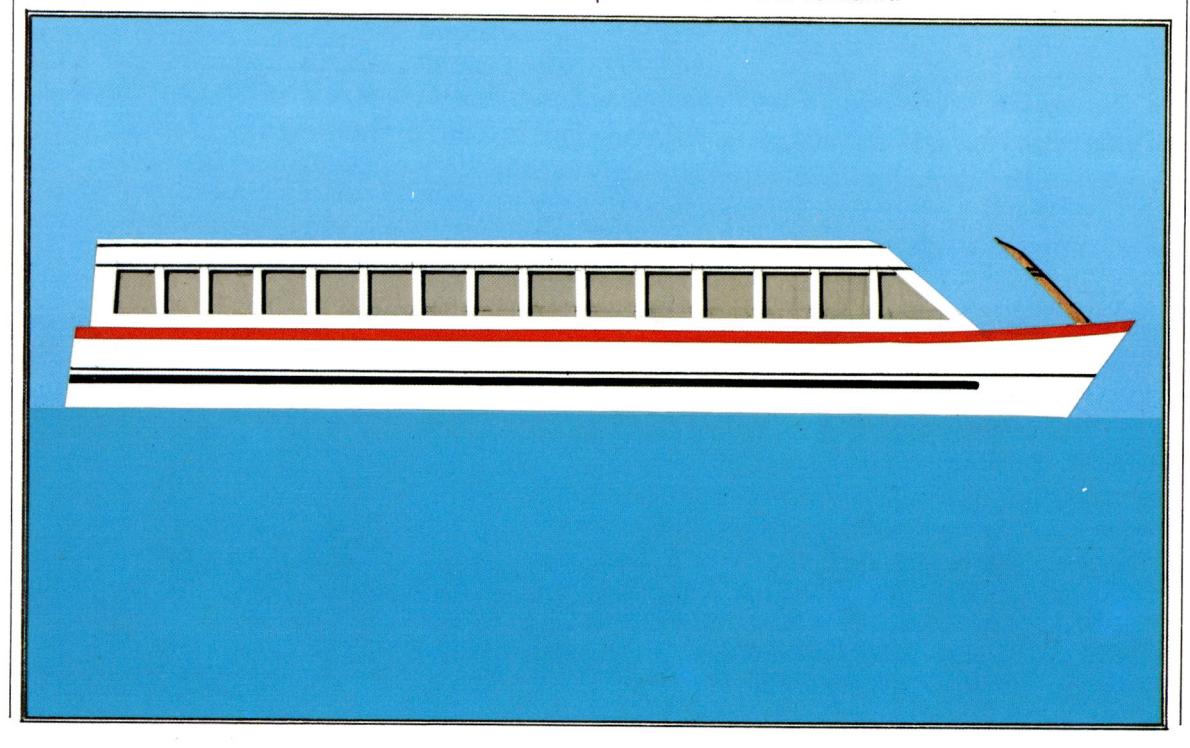

Die Schweißtropfenbahn macht müde

Wenn wir dem Spazierweg am Ufer des Aasees entlang folgen, kommen wir hinter der grauen Betonbrücke zuallererst zum Sportpark auf der Sentruper Höhe. Es ist eine Anlage für jedermann mit mehreren großen Spielfeldern, mit Tennisplätzen und Übungsstätten für die Leichtathletik.

Mittendrin im Sportpark gibt es auch eine besondere Laufstrecke, die Schweißtropfenbahn genannt wird. Sie entstand bereits zu einer Zeit, als es die moderne Trimm-Dich-Bewegung noch nicht gab. Sie weist extra schwierige Bodenverhältnisse und Übungsgeräte auf, die Kraft erfordern. Wer hier nicht ins Schwitzen kommt und müde wird, muß schon olympischer Zehnkämpfer sein.

Auf der Laufbahn rund um das Hauptspielfeld drehen immer irgendwelche Langläufer ihre Runden. Ihr Ziel ist die Fünf-Kilometer-Marke (zwölfeinhalb Runden) oder die Zehn-Kilometer-Marke (fünfundzwanzig Runden); sie trainieren für den Marathonlauf von 42 Kilometern oder für 100-Kilometer-Läufe. Vom Sportpark gehen auch die langen Straßenstrecken ab, auf denen das Laufen nicht gar so langweilig ist, als wenn man immer nur Runde um Runde dreht.

Eine in Münster weitverbreitete Sportart ist das Speckbrettspielen. Man trifft sich dazu auf Plätzen, die ungefähr so beschaffen sind wie Tennisplätze. Gespielt wird mit einem Tennisball und mit Holzschlägern; ursprünglich waren es wohl Speckbretter, also die hölzernen Unterlagen, auf denen in der Küche der Speck geschnitten wird. Daher der Name. Außer in Münster wird Speckbrett im weit entfernten Berlin betrieben. Jährlicher Höhepunkt der sommerlichen Speckbrettsaison ist die heiß umstrittene Stadtmeisterschaft.

ALS WAHRZEICHEN EINE ALTE BOCKWINDMÜHLE

Unmittelbar angrenzend an den Sportpark auf der Sentruper Höhe erstreckt sich das Freilichtmuseum Mühlenhof. Sein Wahrzeichen und Mittelpunkt ist eine alte Bockwindmühle aus dem Emsland, die hier 1961 neu aufgebaut wurde.

Die alte Bockwindmühle steht stellvertretend für die 23 Windmühlen, deren Flügel sich hier vor dem Aegiditor am Rande des Aatales früher gedreht haben. Ein letztes Exemplar erhob sich auf dem Hügel oberhalb des Segelhafens, gegenüber der Goldenen Brücke. Als diese Mühle im Krieg zerstört war, konnte niemand daran glauben, daß jemals ein Ersatz kommen würde.

Ein einzelner Mann, Theo Breider, hat es dann gemeinsam mit Freunden und vielen Helfern unternommen, eine neue Mühle zu finden, sie fachgerecht abzubauen und am münsterschen Aasee Stück für Stück wieder zusammensetzen zu lassen.

Als sich erst einmal die Flügel der Bockwindmühle oberhalb des Aasees drehten und ein neues Wahrzeichen entstanden war, kamen schnell weitere Gebäude hinzu. Das Freilichtmuseum wurde vervollständigt durch das Mühlenhaus und viele kleine Einrichtungen drumherum. Das sind eine Bienenhütte, ein Backhaus, ein Speicher, eine Schmiede, ein Schafstall, ein Ziehbrunnen, eine Kapelle, ein Mäuseschuppen, eine Roßmühle. Ein Prunkstück der gesamten Anlage ist der Gräftenhof, eingerichtet mit schönen alten Bauernmöbeln.

Die Figur des Spökenkiekers auf dem Mühlenhofgelände erinnert an die Fähigkeit mancher Westfalen, in die Zukunft zu sehen.

Den Rundgang beginnen wir am besten im alten Mühlenhaus. Dieses Haus hat noch keinen Schornstein. Der Rauch des Herdfeuers verflüchtigt sich vielmehr durch die vielen Ritzen des Daches und der Seitenwände. Dabei wurden die Schinken und Würstchen geräuchert, die unter der Decke hingen. Mensch und Haustier lebten eng zusammen.

Unzählige kleine und große Gegenstände sind zu besichtigen, die uns vom Leben der Bauern erzählen. Viele dieser Dinge sind dem Museum aus dem Nichts, wie es anerkennend bezeichnet wird, geschenkt worden.

Mehl für Waisenkinder in Agadir

Baumeister Theo Breider und die Männer und Frauen um ihn herum haben nicht nur ihr Freilichtmuseum Mühlenhof im Sinn. Sie wollen auch andernorts Gutes tun.

Als bei einem schrecklichen Erdbeben in Agadir in Marokko 20 000 Menschen den Tod fanden und viele Kinder von heute auf morgen ohne Eltern waren, rief Theo Breider auf zu einer Mehlspende für die Waisenkinder. Münsters Schuljugend sammelte das Geld für 200 Sack Weizenmehl, mit dem 12 500 Weißbrote gebacken werden konnten. Ein Sack Weizen wurde symbolisch von der Bockwindmühle gemahlen. Außerdem kamen 125 Ballen mit Kleidern zusammen. Diese kostbare Fracht wurde kostenlos mit fünf Maschinen der deutschen Luftwaffe in das Elendsgebiet geflogen.

Zur Erinnerung an die Mehlspenden-Aktion können Besucher die Mühlenflügel mit einem Elektromotor, der nachträglich eingebaut wurde, drehen lassen. Die erbetene Spende hierfür dient der „Linderung der Not armer Kinder in der Welt".

Theo Breider ist in die Reihe der münsterschen Originale einzuordnen. Plattdeutsch oder hochdeutsch spricht er die Menschen an – je nachdem. Er hat unzählige Geldsummen lockergemacht und Sachspenden von altem Eichenholz bis hin zu Pflastersteinen zusammengebracht. Viele Firmen, Behörden, Vereine und Einzelpersonen haben kostenlos bei dem großen Werk mit angepackt. Bei der Überwindung von Schwierigkeiten seitens der Behörden wurden auch Tricks angewandt. Als der Gräftenhof fertiggestellt war, fehlte noch die Genehmigung zum Anzünden des Herdfeuers. Und die amtlich zuständigen Bürokraten wollten sie auf gar keinen Fall erteilen.

Da ergab es sich, daß der Regierungspräsident mit einer Gruppe holländischer Politiker das Freilichtmuseum besuchte. Den Gästen, die von einem Kiepenkerl geführt wurden, gefiel alles ausgezeichnet. Als sie in den Gräftenhof kamen, wies Theo Breider auf die hohe Ehre des Besuchs hin. Aus diesem Grunde solle auch erstmalig das Herdfeuer in Brand gesetzt werden. Alle hatten sich feierlich von ihren Plätzen erhoben, als der Regierungspräsident und der ranghöchste Gast aus Holland gemeinsam das Feuer des offenen Kamins zündeten. Der Regierungspräsident formulierte auch einen geistvollen Flammenspruch, in dem die Worte vorkamen „. . . möge die Flamme immer lebendig bleiben!"

Am nächsten Tag rief Theo Breider bei der Behörde an und berief sich auf die Worte des Regierungspräsidenten, der ja oberster Polizeichef ist. Das Herdfeuer im Gräftenhof mußte wohl oder übel genehmigt werden. Der Regierungspräsident soll herzlich gelacht haben, als er später von der Geschichte hörte.

Der ALLWETTERZOO lädt ein

Seinen Namen hat der Allwetterzoo bekommen, weil bei ihm alle wichtigen Tierhäuser und Gehege durch wetterfeste Gänge miteinander verbunden sind. Man kann ihn also jederzeit besuchen, egal, wie das Wetter gerade ist, ob die Sonne scheint oder ob es regnet und stürmt.

Über hundert Jahre ist es her, seit Professor Landois den Westfälischen Zoologischen Garten gründete. Unmittelbar hinter dem Eingangsbereich im neuen Allwetterzoo stehen wir dem „unwiesen Profässer" gegenüber, genauer gesagt: seinem Standbild aus Bronze, das von der Tuckesburg hierhin verpflanzt wurde.

Der Landois-Platz ist zum Treffpunkt für jung und alt geworden. Er dient als Bühne für Chöre, Orchester, Jazzbands und Tanzgruppen. Bei besonderen Gelegenheiten, so bei den alle paar Jahre zu feiernden Zoo-Geburtstagen, treten auch Professor Landois und historische Gestalten seiner Zeit auf. Sie werden dargestellt von Mitgliedern der „Abendgesellschaft Zoologischer Garten".

Leibhaftig stehen der Professor Landois, der tolle Bomberg, ein Kiepenkerl und der Polizist Felix Maria Harpenau vor uns. Wir können uns in eine andere Zeit zurückversetzt fühlen.

Der Polizist Felix wurde früher übrigens vor allen Dingen auch von den Kindern gefürchtet, weil er so streng war. Seine Ehefrau erhielt sogar ein Strafmandat von ihm, als sie einmal am Sonntag die Wäsche zum Trocknen auf die Leine spannte.

Den Rundgang durch den Allwetterzoo beginnen wir mit dem Bärenhaus. Wieviel anders wirken lebende Bären doch als die Teddybären aus Plüsch. Die Kodiakbären, die wir hier bewundern können, erreichen aufgerichtet drei Meter fünfzig. Und mit einem Gewicht von zehn Zentnern sind sie die größten Landraubtiere der Erde.

TIERE
ZUM STREICHELN UND LIEBHABEN

Wenn wir am Bärenhaus den Allwettergang verlassen, kommen wir zu einem Bereich, der speziell für Kinder eingerichtet wurde. Hier gibt es den Streichelzoo, wo wir ganz persönlich Bekanntschaft machen können mit Zwergziegen und Meerschweinchen. Wir dürfen sie anfassen und streicheln.

Cowboys und Indianer unter uns können sich mit dem Ruf „Yippeeyeeh" auf den Rücken von stilecht gesattelten Pferden schwingen.

Rundherum geht der Ritt. Dabei achten wir darauf, daß wir den Bewegungen des Pferdes folgen und nicht wie nasse Mehlsäcke auf dem Sattel hängen.

An Pferde tritt man übrigens von vorne heran, damit sie nicht erschreckt werden und mit ihren Hufen austreten. Erfahrene Reiter sprechen aus diesem Grund auch das Tier mit ein paar freundlichen Worten an, wenn es den Kopf abgewandt hält. Die Pony-Ranch ist überdacht, so daß hier auch während eines Regengusses geritten werden kann.

Als weitere Attraktionen für Kinder gibt's im Allwetterzoo mehrere Spielplätze. Der erste ist bereits unmittelbar neben der Pony-Ranch. Andere sind im weiträumigen Gelände verstreut. Besonders erwähnt werden muß das Tarzanland – ein Kletterparadies mit dem einzigartigen, lianenhaften Kletternetzwerk von über fünf Metern Höhe, das 18 Meter lang und breit ist.

Eine Elefant aus Stein steht als Wahrzeichen auf dem Abenteuerspielplatz. Er bietet sich als Reittier an.

Um das Tarzanland schnauft eine alte Eisenbahn. Sie ist Vorbildern aus dem Wilden Westen nachempfunden. Auch Erwachsene dürfen in den Abteilen mitreisen.

Eine weitere Besonderheit für Kinder ist die Zooschule. In ihr können sich Schulklassen anmelden. Sie erhalten dann den Biologieunterricht nicht nur als trockene Theorie serviert, sondern man zieht zur Beobachtung der lebenden Tiere zu den einzelnen Gehegen.

In den Sommermonaten kann man im Allwetterzoo auch Tierezeichnen lernen. Ein Kunsterzieher gibt dazu die Anleitungen. Mitmachen kann jedes Kind ab acht Jahren. Man braucht nur Malblock und Stifte mitzubringen. Und Spaß macht es sicher; denn wer hat schon, wenn er ein Nashorn zeichnen will, ein lebendiges Modell zu Hause?

Delphine springen 5 Meter hoch

In einer besonderen Halle ist das Delphinarium untergebracht. In den Vorstellungen präsentieren Delphine und Seelöwen ihre Kunststücke. Dabei springt einer der Delphine fünf Meter hoch, um seinem Trainer eine Makrele direkt aus dem Mund zu schnappen. Achtundvierzig spitze Zähne hat so ein Delphin. Würde er nur wenige Zentimeter zu weit springen, brauchte sich der Trainer künftig nicht mehr zu rasieren.

Die Delphine und Seelöwen spielen mit großen Bällen, sammeln bunte Ringe ein, die ins Wasser geworfen werden, oder ziehen einen Kahn mit einem Kind darin. Das Seewasser in dem zwanzig Meter langen, zehn Meter breiten und vier Meter tiefen Vorführbecken wird mit Kochsalz und chemischen Stoffen künstlich bereitet; es hat durchweg zwanzig Grad. Jeder Delphin verzehrt pro Tag zehn bis zwölf Pfund Fisch.

Im Allwetterzoo sind eine Fülle weiterer Tiere zu begucken. Da gibt es Hirsche, Luchse und Füchse, pfeilschnelle Geparden, Hyänen und ruhelos umherlaufende Wölfe, deren Ruf etwa durch das Märchen vom Rottkäppchen der Gebrüder Grimm arg geschädigt wurde.

Im Tropenhaus und im Terrarium können wir uns in den Urwald versetzt fühlen. Die Großflugvoliere wird von Geiern und Adlern beherrscht.

Es gibt Raubkatzen wie Tiger, Löwen und Panther. Das Afrika-Panorama wird bevölkert von Zebras, Wasserböcken, Gnus, Gazellen, Kaffernbüffeln, Straußen, Giraffen und Springböcken.

In einem Affenhaus können wir auch Kolibris bewundern, die wie Hubschrauber vorwärts und rückwärts fliegen und auf der Stelle stehenbleiben. Ihr Schwirrflug wird durch 50 bis 80 Flügelschläge pro Sekunde ermöglicht.

Vielleicht interessiert sich ja einer von uns auch besonders für die Flußpferde oder die Elefanten oder die verschiedenen Menschenaffen. Ja, die Menschenaffen locken ganze Scharen von Zuschauern an. Die tägliche Fütterung ist natürlich ein besonderer Spaß.

Eisbären, Pinguine, Robben leben stellvertretend für die Tiere der nördlichen Region im Allwetterzoo. Die Pinguine machen täglich unter Aufsicht eines Wärters einen Spaziergang um ihre Anlage herum. Das muß sein, damit sie die notwendige Bewegung erhalten und gesund bleiben.

Auf einer Wiese leben die Känguruhs. Bei seiner Geburt ist ein Känguruh so groß wie ein Maikäfer, es wiegt kam mehr als ein Gramm und ist nackt, blind und taub. Dieses winzige Ding wird nicht in den Beutel der Mutter hineingeboren, sondern muß den Weg dorthin selbst finden. Es braucht dazu knapp fünf Minuten. Kaum ist der kleine Känguruh angelangt, saugt er sich an einer der Zitzen fest. Und es bleibt daran die nächsten Wochen lang hängen. Erst nach fünf Monaten guckt das kleine Känguruh zum erstenmal aus dem Beutel heraus. Später macht es dann auch Ausflüge, kommt aber immer wieder zur Milch zurück. Nach neun Monaten wird endlich die Kinderstube geräumt.

In der Nähe der Känguruhs rennen immer auch ein paar Pampas-Hasen oder Maras herum. Sie haben kein eigenes Gehege, sondern können sich im gesamten Zoo frei bewegen. Ihre Sprünge reichen bis zu zwei Meter fünfzig. Eine ganz schöne Leistung – bei ihrer Körpergröße!

Attraktionen n

Mit dem Fahrrad erreichbar

Münster und seine Umgebung, das Münsterland, sind flach und platt. Es gibt keine steilen Berge oder höheren Erhebungen, sondern nur sanfte Hügel. Dieses Land entstand in der Eiszeit und wurde von den Gletschern, die sich aus Norden vorschoben, flachgehobelt.

Es ist ideal für's Radfahren. Man kann mit der eigenen Muskelkraft überall hingelangen.

Neben den Straßen und Radwegen und asphaltierten Wirtschaftswegen zwischen den Feldern laden uns vor allem die kleinen festgefahrenen Sandwege, die *Pättkes,* ein. Manche Leute finden sich regelmäßig zu Pättkestouren zusammen, bei denen sie fernab von Straßen und Autos die Sehenswürdigkeiten auf dem Lande ansteuern.

Dabei sind es nicht nur die verträumten Wasserburgen, manche verwunschenen Adelssitze oder geheimnisumwitterte, von uralten Eichen umstandene Bauernhöfe, die uns neugierig machen. Auch die Landschaft selbst, bei der Heide und Moor, Wälder, Felder und Wiesen miteinander abwechseln, hat ihre unverwechselbaren Reize. Hinter den Wallhecken bieten sich immer neue Einblicke: wiederkäuende Kühe, ein einsam äsendes Reh, mümmelnde Hasen und Kaninchen, edle Pferde auf ihrer Koppel, lauthals schimpfende Eichelhäher, flüchtige Fasanen; am blauen Himmel mit den weißen Wolken ziehen Bussarde ihre Bahnen, lauernd auf Mäuse und andere kleine Beutetiere.

Da wir mit dem Fahrrad ziemlich schnell und auch lautlos vorankommen, sehen wir mehr als Fußwanderer. Und wenn wir erst einmal ein wenig trainiert sind, können wir uns auch entferntere Ziele vornehmen.

Wer kein eigenes Fahrrad hat, kann sich eins leihen: am münsterschen Hauptbahnhof, im Parkhaus Stubengasse, im Freilichtmuseum Mühlenhof oder auch an den Bahnhöfen des Münsterlandes. Telefonische Vorbestellung ist allerdings ratsam.

Wo eine grosse Dichterin lebte

Im Westen Münsters, in der Nähe des Stadtteils Roxel, steht das *Rüschhaus*. Hier lebte und arbeitete Annette von Droste-Hülshoff, die zu den berühmtesten Dichterinnen Deutschlands gehört.

Im Rüschhaus schrieb sie Gedichte, Briefe und Erzählungen und empfing gelegentlich Gäste. Die meiste Zeit verbrachte sie jedoch allein und zurückgezogen in dieser „Einsiedelei voll Frieden und Sonnenschein", wie sie den kleinen Landsitz nannte.

Das Rüschhaus, ursprünglich ein Landarbeiterhaus, das man zu einem „Herrenhaus" umbaute. Der Schmuck aus Sandstein an der Eingangsseite und zum Garten hin zeigen dies besonders deutlich. Der Eindruck wird verstärkt durch die zwei Nebengebäude, den gleichmäßig angelegten Garten und durch den Wassergraben, der die gesamte Besitzung umschließt.

Heute ist im Rüschhaus ein Droste-Museum eingerichtet, durch das die Erinnerung an die Dichterin wachgehalten wird. Wir können sehen, wie Annette damals gelebt hat. Besonders schön war wohl ihr Schreibsekretär. Daran müßte man seine Schularbeiten machen dürfen!

Nicht weit vom Rüschhaus ist Burg Hülshoff, die Geburtsstätte der Dichterin. Es ist ein spätmittelalterliches Wasserschloß, das mit seinen Nebengebäuden auf zwei durch eine Brücke verbundene Inseln angelegt wurde. Auf den Wassergräben gleiten weiße Schwäne vorbei, schnattern die Wildenten und huschen scheue Teichhühnchen davon. Rundherum gibt es prächtige alte Bäume, vor allem Eichen und Buchen, sowie neuangepflanzten dichten Jungwald.

Ein Durchstöbern der Umgebung rund um die Wasserburg verspricht recht abenteuerlich zu werden. Aber: Vorsicht vor nassen Füßen!

RUNDBLICK VOM LONGINUSTURM

Wer den Weg nach Schloß Hülshoff mit dem Fahrrad geschafft hat, braucht sich nicht bange zu machen vor den restlichen Kilometern bis zu den *Baumbergen.* Obwohl diese Hügelkette dicht bewaldet ist, hat das Wort trotzdem nichts mit Bäumen zu tun, sondern leitet sich von „Bom" ab, und das ist einer der Namen des germanischen Gottes Odin. Bei klarem Wetter liegt diese einzige Erhebung des Münsterlandes direkt vor unseren Augen.

Unterwegs auf den glatten Asphaltstraßen werden wir immer wieder von schnellen Radrennern überholt. Einzeln oder im Pulk zu mehreren jagen sie an uns vorbei, vornübergebeugt mit krummen Rücken und gleichmäßig strampelnden Beinen. Die Speichen ihrer Räder sirren im Wind, gelegentlich knarrt eine Schaltung. Für die Radrenner sind die Baumberge wie ein Magnet. Hier endlich können sie das Erklimmen von Steigungen trainieren und die zehn Gänge der Kettenschaltung ausfahren.

In den Baumbergen entspringt außerdem die münstersche Aa. Kurz hinter dem Bahnhof von Havixbeck geht es von der Straße nach Nottuln links ab zu den Quellen. Sie liegen ziemlich versteckt. Wir müssen vielleicht noch einmal fragen, bevor wir sie finden. Aber dann wird uns doch beeindrucken, daß aus so einem kleinen Rinnsal einmal ein Fluß entsteht, der den münsterschen Aasee speist.

Von den Aaquellen kommen wir zum *Longinusturm,* einem Aussichtsturm, von dem wir bei gutem Wetter einen schönen Rundblick haben. Der Longinusturm ist nach einem Heimatforscher benannt. Wir befinden uns hier 187,61 Meter über dem Meeresspiegel. Den Schlüssel zum Longinusturm besorgen wir uns vor dem Treppensteigen bis hin zur Plattform bei einer Bauersfrau in der Nähe. In der warmen Jahreszeit ist die Tür tagsüber geöffnet.

Für den Rundblick vom Longinusturm müssen wir ein paar Groschen bezahlen; dafür können wir aber auch bis nach Münster gucken.

Der Longinusturm war ursprünglich nur als Aussichtsturm errichtet. Inzwischen nutzt ihn auch die Bundespost. Von hier und von dem nahebei aufgerichteten Sendemast werden Rundfunk- und Fernsehprogramme ausgestrahlt sowie Telefongespräche per Funk übermittelt. Die meisten Fernsehantennen in Münster sind auf den Longinusturm in den Baumbergen ausgerichtet.

Weitere Sehenswürdigkeiten in den Baumbergen sind der Ludgerus-Dom, die Johannikirche und die Kolvenburg in Billerbeck, eine Hand-Blaudruckerei in Nottuln und eine in Aulendorf bei Billerbeck. Im Stevertal kann man leckere Forellen essen, die der Koch persönlich vor der Zubereitung aus einem Becken fischt.

Vor den Toren der Stadt

Im Norden Münsters liegt der Stadtteil Kinderhaus. Er wurde vor 650 Jahren ganz bewußt weit vor den Toren Münsters errichtet. Hier gab es nämlich ein Haus, in dem Aussätzige wohnten. Sie wurden von den anderen Menschen ferngehalten, damit sich niemand anstecke.

Die an Lepra erkrankten Mitbürger bezeichneten sich damals selbst als „die siechen Kinder". Wahrscheinlich ist darauf der Name Kinderhaus zurückzuführen. Das ehemalige Leprosenhaus gegenüber der Pfarrkirche ist erhalten geblieben. Es ist heute ein Altenheim. Früher lebten hier die an Lepra erkrankten Menschen, denen es verboten war, selbst zu arbeiten. Sie waren deshalb auf die Opfergaben ihrer Mitmenschen angewiesen.

Das Lazarushäuschen zwischen der Pfarrkirche St. Joseph und dem ehemaligen Leprosenhaus dient auch heutzutage als Opferstock. Hier wurden in fünf Jahren immerhin 200 000 Mark gespendet, die Entwicklungsvorhaben in Brasilien zugute kamen.

Bei einem Blick in das Innere der Pfarrkirche wird uns das Kreuz über dem Altarraum ins Auge fallen. Mit der zerrissenen und an Granatsplitter erinnernden Gestaltung hat der Künstler an das Leiden der Menschen erinnern wollen.

Neben den Kriegen sind es schreckliche Krankheiten, die die Menschheit heimsuchen. Im Mittelalter war es vor allem auch die Pest, die entsetzlich wütete.

Gesicht und Körper der Menschen wurden von Beulen überzogen. Der Tod kam mit großen Qualen. So wurden 1382 in Münster 8000 Männer, Frauen und Kinder dahingerafft. Fast vor jedem Haus lag am Morgen ein Toter. Nach einigen Wochen standen ganze Häuser leer.

Viele Reiche hatten die Stadt fluchtartig verlassen. Geblieben waren die ärmeren Bürger und die Patres und Brüder des Minoritenklosters sowie Bischof Wulf von Lüdinghausen. Sie versorgten die Kranken und beerdigten die Toten.

Im Jahr darauf, als die Pest aus den Mauern der Stadt verschwunden war, brach in Münster ein großes Feuer aus. Nur plötzlichem starken Regen war es zu verdanken, daß nicht die gesamte Stadt abbrannte.

Die Bürger schworen damals, in jedem Jahr eine *Große Prozession* durchzuführen. Sie soll der Dank für die Rettung der Stadt vor Pest und Brand sein. Diese Große Prozession findet auch heute noch am Montag vor dem Gedenktag der heiligen Margareta im Juli statt. In vielen Familien hat sich der Brauch erhalten, daß an diesem Montag erstmals „Graute Baunen met Speck" auf den Mittagstisch kommen.

Ein Paradies aus zweiter Hand

Nicht weit von Kinderhaus entfernt liegen die ehemaligen Rieselfelder. Hier ließ man bis vor wenigen Jahren die Abwässer der Stadt „verrieseln", im lockeren Sandboden versickern. Die verschiedenen Flächen wurden voneinander abgegrenzt. Zwischendurch nutzten die Bauern den Boden, um Getreide, Kartoffeln oder Gemüse anzubauen.

Ganz ohne Zutun des Menschen siedelten sich hier auch die verschiedenen Vogelarten an, die sich von den Kleinlebewesen in den Abwässern und auf den Rieselfeldern ernähren. Für die Vogelkundler entwickelte sich so ein Paradies aus zweiter Hand, in dem nordische Watvögel und Enten auf der Durchreise nach Süden eine Rast einlegten; man beobachtet Seidenreiher und Sandregenpfeifer, Kormorane und Knäkenten, Wasserläufer, Mantelmöwen und Moorenten, insgesamt über 200 Arten.

Inzwischen übernahm eine Großkläranlage die Funktion der Rieselfelder. Die eiförmigen schwarzen Faultürme können wir von weitem erkennen. Die Abwässer der Stadt aus den Toiletten und Spülsteinen, von Fabriken und Werkstätten durchlaufen in der Großkläranlage verschiedene Stufen. Zum Schluß wird das gereinigte Wasser in die Ems abgeleitet. Den übriggebliebenen Schlamm läßt man in den Faultürmen ungefähr einen Monat lang „ausreifen". Danach wird die letzte Feuchtigkeit herausgepreßt, den Schlamm nutzen die Bauern zur Bodenverbesserung.

Damit ein großer Teil der Rieselfelder den Vögeln erhalten bleibt, werden die Flächen auch weiterhin mit Wasser versorgt. Die Mitarbeiter einer Biologischen Station beobachten die Tiere regelmäßig. Sie fangen einzelne Vögel für kurze Zeit ein, um sie auszumessen, zu wiegen und mit gekennzeichneten Ringen um ein Fußgelenk zu versehen. In Verbindung mit anderen Forschern versucht man auf diese Weise zum Beispiel dem Geheimnis des Vogelzuges auf die Spur zu kommen. Die kleine Ausstellung in der Biologischen Station ist durchaus sehenswert.

Wenige hundert Meter weiter kommen wir zu der beliebtesten und ungewöhnlichsten Badegelegenheit Münsters, zum „KÜ". Hinter dieser Abkürzung verbirgt sich der Begriff: Kanal-Überführung.

Der Dortmund-Ems-Kanal wird hier in einer als Wanne ausgebauten Brücke über die Ems geführt. Da diese Brücke leicht durch Bomben zerstört werden kann, baute man im letzten Krieg vorsichtshalber eine Ersatzbrücke. Und die sich hieraus ergebende zweite Fahrtrinne des Kanals wird inzwischen zum Baden genutzt; das Wasser ist hervorragend, und wer will, kann am „KÜ" richtig lange Strecken schwimmen.

Mit einer Taucherbrille lassen sich unter Wasser viele Fische erkennen. Neben den Aalen, die sich am Boden schlängeln, dürften es vor allem die Hechte sein, die uns beeindrucken. Die Hechte stehen still und lauernd zwischen den Schlingpflanzen. Wir können uns ihnen bis auf etwa einen Meter nähern, da sie in unseren Gewässern keine natürlichen Feinde haben und darum nicht scheu sind. Erst wenn wir noch dichter herankommen, verschwinden sie blitzschnell mit ein paar kräftigen Schlägen ihrer Schwanzflosse.

Schiffe werden hoch gepumpt

Am Kanal entlang gibt es einen Leinpfad. Er ist ideal für Spaziergänger und Radfahrer.

Der Kanal ist eine künstliche Wasserstraße. Er wurde so angelegt, daß er kein Gefälle hat. Da das Münsterland jedoch zwischen Dortmund und dem Emsland in Richtung Nordseeküste abfällt, mußte der Kanal in Abschnitte unterteilt werden. Schleusen ermöglichen es, daß die Schiffe entsprechend den unterschiedlichen Wasserständen gehoben oder herabgelassen werden.

Bei einer Besichtigung der münsterschen Schleuse dürften wir uns zunächst einmal über die riesigen Ausmaße wundern. Mehrere Schleusenkammern liegen nebeneinander. Die größten von ihnen können Schleppzüge aus mehreren Kanalkähnen aufnehmen.

Wenn die Schiffe in die Schleusenkammern eingefahren sind, schließen sich wie von unsichtbarer Geisterhand bewegt die schweren Torflügel. Aus Rohren unterhalb der Oberfläche strömt zusätzliches Wasser in die Kammern. Wir können zusehen, wie die Schiffe langsam hochgepumpt werden. Wenn der obere Wasserstand auch innerhalb der Schleusenkammer erreicht ist, öffnen sich die gegenüberliegenden Torflügel. Bei der Talfahrt geht es umgekehrt zu.

Einfahrt und Ausfahrt in die Schleusenkammern werden durch grüne und rote Ampeln geregelt. Stellt einmal fest, wie lange es dauert, bis ein Kanalschiff weiterfahren kann.

So eine Schleuse ist für die Binnenschiffer jedesmal eine feste Etappe auf ihrer Fahrt. Hier können ihnen Briefe mit wichtigen Nachrichten übermittelt werden. Sie selbst haben die Möglichkeit zum Telefonieren oder zum Abschicken von Telegrammen.

An der Schleuse gibt es außerdem einen Laden, in dem die Kanalschiffer notwendige Lebensmittel und kleinere Bedarfsgegenstände einkaufen können. Man muß sich vorstellen, daß die Mannschaft so eines Kanalschiffes oft wochen- und monatelang an Bord verbringt. Da muß man schon ein wenig planen und einteilen und kann nicht mal eben zum Kaufmann an die Ecke gehen, um eine Flasche Sprudel zu holen.

An der münsterschen Schleuse unterhält zudem die Wasserschutzpolizei eine Station. Mit schnellen Motorbooten haben die Beamten manch einen Schleppkahn verfolgt, der vielleicht verbotene Fracht an Bord hatte.

KINDER LEGEN RADFAHRERPRÜFUNGEN AB

In Richtung Gremmendorf, am Heumannsweg, liegt seit mehreren Jahren die Jugendverkehrsschule der Stadt. Über 13000 Kinder der ersten Schuljahre und aus Kindergärten besuchen jährlich diese Einrichtung, die von der Stadt und von der Verkehrswacht unterhalten wird. Geld für die Jugendverkehrsschule zahlen unfreiwillig auch viele Verkehrssünder, denen vom Gericht eine entsprechende Buße auferlegt wurde.

Ein ehemaliger Bauernhof ist für eine halbe Million Mark umgebaut worden. In ihm liegen Unterrichtsraum und Nebenräume. Der wichtigste Teil der Anlage, der Verkehrsgarten, ist natürlich draußen. Es gibt Fuß- und Radwege, Straßen, Kreuzungen, Verkehrsschilder und eine richtige Ampelanlage. Nette Polizeibeamte, die den Unterricht erteilen, können von einem Kommandostand aus das gesamte Verkehrsgeschehen überblicken und die Schüler einzeln über Funk ansprechen und auf Fehler aufmerksam machen.

Richtiges Verkehrsverhalten wird auch im Unterricht geübt. Auch hierfür bietet die Jugendverkehrsschule mit Dias, Filmen, Tageslichtschreibern und Magnettafeln gute Voraussetzungen.

Münsters Jugendverkehrsschule gilt als eine der modernsten im ganzen Land Nordrhein-Westfalen. Ein Ziel des hier erteilten Unterrichts ist es, daß sich die Kinder auf der täglichen Fahrt zur Schule verkehrssicher verhalten. Dazu müssen sie die Bedeutung von Schildern, von Ampelsignalen und von Kommandos der Verkehrspolizisten kennen. Zum Abschluß der Lehrgänge legen die Kinder die Radfahrerprüfung ab, erhalten einen Ausweis und dürfen den grünen Wimpel der Verkehrswacht am Fahrrad führen.

Marienwallfahrten nach Telgte

Von der Frömmigkeit der Leute aus Münster und dem Münsterland erfahren wir eine Menge im Marienwallfahrtsort Telgte. Die lebensgroße Figur der Schmerzhaften Muttergottes wird dort von den Katholiken sehr verehrt.

Von Münster aus gibt es in jedem Jahr eine große Stadtwallfahrt, bei der die einzelnen Pfarreien, die Vereine und Verbände mitgehen. Es ist ein beeindruckendes Bild, wenn eine schier unübersehbare Schar frommer Beter über den Prozessionsweg entlang der Warendorfer Straße zieht, an der uralten Linde am Eingang der Wallfahrtsstadt von der Muttergottesstatue empfangen. Das Gnadenbild wird alljährlich von vielen Tausenden frommer Pilger von nah und fern aufgesucht.

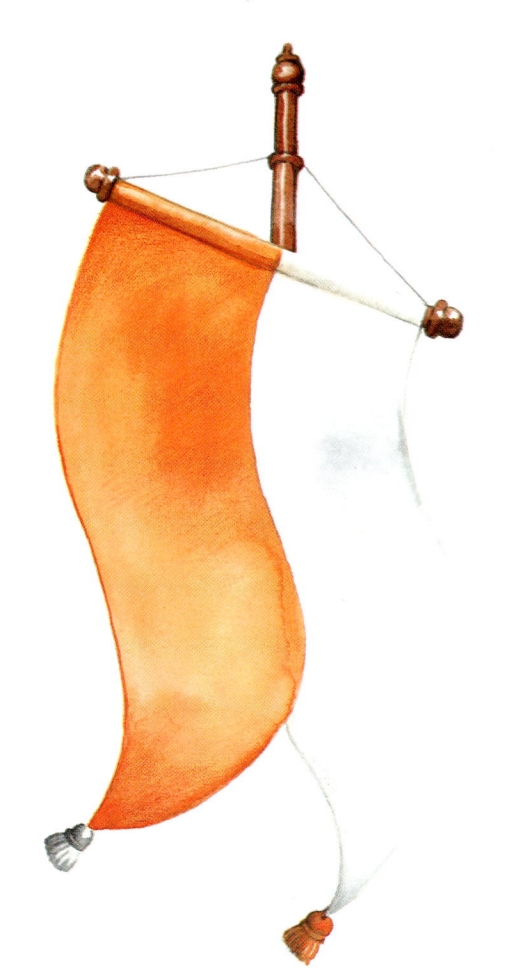

Von Münster aus braucht man als Fußpilger mehr als zwei Stunden für den Weg nach Telgte. Mit dem Fahrrad geht das natürlich erheblich schneller. Und wenn wir an einem Tag kommen, wo keine Prozession erwartet wird, können wir die Muttergottes ganz allein und in Ruhe in der Gnadenkapelle besuchen.

Ihr werden viele wundertätige Heilungen und sonstige Hilfen in Notlagen zugesprochen. Die Plaketten aus Silber, manchmal in der Form von Armen und Beinen, die an die Wände der Gnadenkapelle genagelt wurden, künden vom Dank früherer Bittsteller.

Nicht weit entfernt von der Gnadenkapelle ist das Heimathaus Münsterland. In ihm werden wertvolle Kunstschätze ausgestellt. Darunter ist als kostbarster Besitz das „Telgter Hungertuch" von 1623 mit Bildern aus dem Alten und Neuen Testament. Unter Glas stehen ein Paar der riesenhaften Schuhe des Kardinals von Galen sowie weitere Erinnerungsstücke an den „Löwen von Münster".

Neben der ständigen Ausstellung im Heimathaus gibt es besondere Veranstaltungen. So wird die alljährliche Krippenschau immer wieder stark beachtet, bei der nicht nur volkstümliche Arbeiten, sondern auch ganz moderne Darstellungen von dem Geschehen in der Weihnachtsnacht gezeigt werden.

Trinkwasser aus der Heide

Zum Stadtteil Hiltrup im Süden Münsters gehört die *Hohe Ward*. Das ist ein riesiges Heidegebiet mit verschwiegenen Wegen und mit dem typischen Baumbestand aus Kiefern, Fichten, Birken, einzelnstehenden Eichen und Wacholderbüschen. Wir können Rehe, Wildschweine, Hasen, Fasanen, Bussarde und Eulen beobachten.

Bei der Fahrt durch die Heide abseits der Hauptwege bleiben die Fahrräder leicht in dem lockeren Sand stecken. Und wenn wir nicht aufpassen, fallen wir dabei noch auf die Nase. Aber was macht das schon bei federndem Waldboden!

Am Eingang der Hohen Ward liegt der Steinersee mit einem im Sommer viel besuchten Freibad. Der Steinersee entstand als Baggersee. Hier wurde gelber und weißer Sand ziemlich tief abgebaut. Die Grube ist dann voll Wasser gelaufen. Man erzählt sich sogar, daß am Boden noch ein Bagger und ein paar Kipploren liegen. Der Steinersee wird auch heute noch nur von Grundwasserquellen gespeist.

Nach dem Überqueren der Eisenbahnlinie Münster–Hamm kommen wir zu einem Wasserwerk der Stadt Münster. Es ist ein besonders schönes Industriegebäude, als Rundbau angelegt und mit kupfergrünem Dach. Hier wird Trinkwasser aus einem Brunnen hochgepumpt und in dicke Rohrleitungen gedrückt, so daß es zunächst in den Wasserturm und danach bis zu den Häusern in der Stadt gelangt.

Das Besondere an diesem Trinkwasserwerk sind jedoch die großen, viereckigen Wasserbecken außerhalb des Gebäudes. In sie wird Wasser aus dem Dortmund-Ems-Kanal geleitet. Dieses Kanalwasser, das ja nicht gerade sauber ist, versickert in den Untergrund, wird dadurch gereinigt und sorgt dafür, daß der Trinkwasserbrunnen nicht austrocknet. Das Trinkwasser aus der Heide, das bei den Münsteranern aus den Wasserkränen strömt, ist also aufbereitetes, verbessertes Kanalwasser.

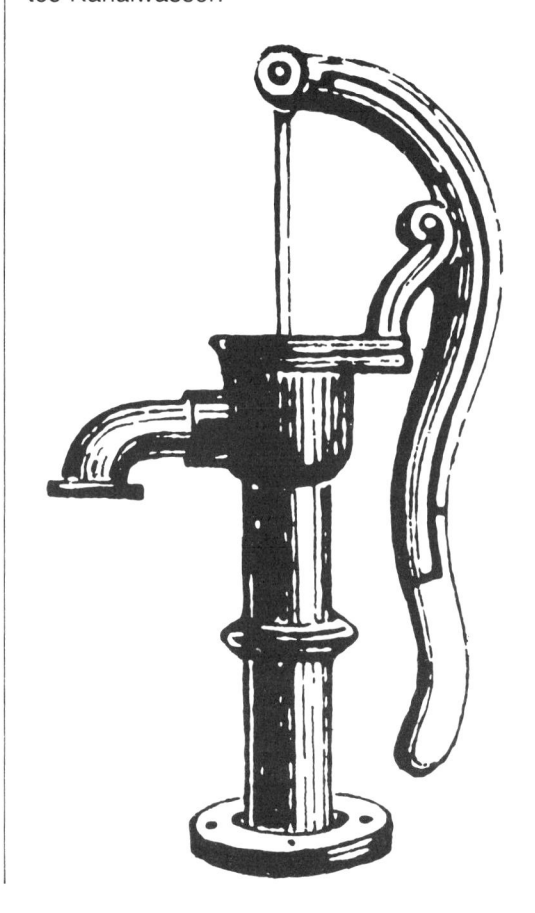

ZUM SCHLUSS WIRD'S RÄTSELHAFT

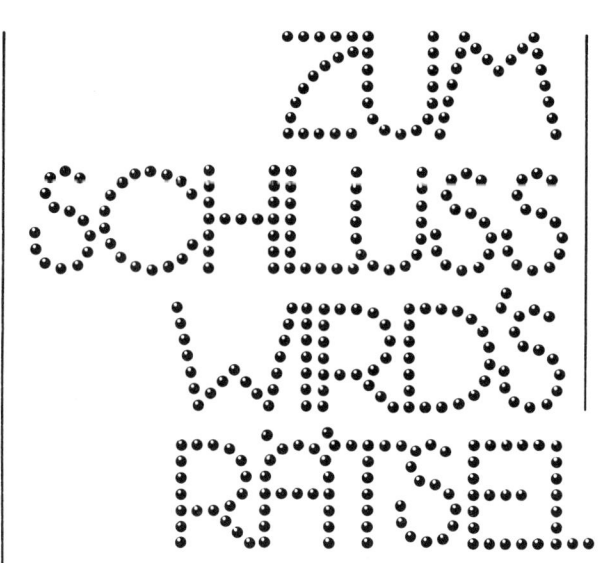

Wenn man zu mehreren ist, macht es am Ende einer Stadterkundung sicherlich Spaß, zu einem Wettbewerb aufzurufen, bei dem das neuerworbene Wissen geprüft wird, wobei es aber auch auf Schnelligkeit und Witz ankommt.

Bei einem Stadtspiel, zu dem hier ermuntert wird, muß immer eine bestimmte Strecke mit verschiedenen Stationen durchlaufen werden. Aus dem Stoppen der Abgangszeit und der Ankunftszeit ergibt sich, wer oder welche Gruppe am schnellsten war. Hier können Pluspunkte gewonnen werden. Andererseits ist es denkbar, daß alle diejenigen, die in einer vorgeschriebenen Mindestzeit nicht fertig werden, Strafpunkte erhalten.

Ob unterwegs Aufgaben zu erfüllen sind, hängt von der Zeit ab, die insgesamt zur Verfügung steht. Denkbar: die Treppenstufen zählen bis zur elften Etage im Stadthausturm; den Preis der Tasse Kaffee feststellen in verschiedenen Cafés und Kaffeestuben; von dem Pförtner des Landschaftsverbandes Westfalen-Lippe ein Autogramm erbitten; die Abfahrtszeiten der Züge nach Hamburg notieren; bei der Polizei nachfragen, wie die Beamten heißen, die den Unterricht in der Jugendverkehrsschule erteilen.

Zu einem zünftigen Stadtspiel gehört natürlich auch ein Katalog von Fragen Man kann sie entweder aus dem Gedächtnis oder mit Hilfe von Büchern beantworten. Notfalls kann man natürlich auch irgendwo um Hilfe bitten. Die Antworten auf fast alle Fragen, die nachfolgend aufgeschrieben sind, ergeben sich aus diesem Buch.

Aber Vorsicht: Es gibt auch witzig gemeinte Fangfragen!

Fragen:

Im Paulus-Dom steht die acht Meter hohe Figur des heiligen Christophorus. Für wen gilt er in der katholischen Kirche als Schutzparton?

_____

_____

Welche zwei Merkmale sind es vor allem, die die Astronomische Uhr im Dom von anderen Uhren unterscheidet? Denke an den Zeiger und daran, wie er sich dreht.

_____

_____

_____

An der Außenwand des Rathauses gibt es eine halbe preußische Elle. Was ist das?

_____
_____
_____

Wie lang ist eine halbe preußische Elle?

_____

Wieviel Säulen hat der Prinzipalmarkt?

_____

Auf der Seite des Rathauses?

_____

Auf der gegenüberliegenden Seite?

_____

Wie heißen die drei Anführer der Wiedertäufer, deren Leichen in den Käfigen am Lambertiturm zur Schau gestellt wurden?

_____
_____
_____

Unter den Bögen am Prinzipalmarkt steht auch ein Obststand. Was wiegt die Marktfrau?

_____

Welche Kirche Münsters hat den höchsten Turm, und wieviel Meter mißt er?

_____

Das Skelett eines der größten Tiere, die je auf dem Erdboden gelebt haben, ist im Geologischen Museum zu bewundern. Es stammt von einen . . .?

_____
_____

Wie lang ist die rund um die Altstadt führende Promenade?

_____

Ein Mann geht in die Innenstadt von Münster. Unterwegs begegnet ihm ein anderer Mann. Dieser Mann hat sieben Frauen, jede Frau hat sieben Säcke bei sich. In jedem Sack sind sieben Katzen, jede Katze hat sieben Junge. Wieviel Beine sind auf dem Weg in die Innenstadt von Münster?

_____
_____

Wo steht der heilige Nikolaus mit den drei Äpfeln?

_____
_____
_____

Wieviel Wagen hat der Paternoster in der Stadtverwaltung?

_____
_____
_____

Wann wird in Münster Lambertus gefeiert?

Wieviel Treppenstufen hat der Türmer von Sankt Lamberti bis zu seiner Türmerstube zu erklimmen?

1973 gedachte man in Münster des zweihundertsten Todestages eines berühmten Barockmeisters. Wie heißt er?

Wieviel Flügelschläge macht ein Kolibri pro Sekunde?

Wie heißt die Straße, die der Volksmund als die längste Straße Münsters bezeichnet?

Am Turm des alten Stadthauses an der Ecke Klemensstraße und Prinzipalmarkt befindet sich eine Höhenangabe; wie hoch liegt Münster hier über dem Meeresspiegel?

Was ist ein Schusterjunge?

Havixbeck
Nottuln
Appelhülsen
Senden
Schapdetten
Tilbeck
Hohenholte
Baumberg
Baumberge
Langenhorst
Hangsbeck
Gennerich
Poppenbeck
Lasbeck
Masbeck
Natrup
Walingen
Herkentrup
Schonebeck
Brock
Stevern
Uphoven
Bombeck
Stockum
Horst
Buxtrup
Werlte
Heller
Kley
Wellstraße
Dorfbauerschaft
Bösensell
Bredenbeck
Wierling
Hangenau
Karthaus
Hövening
Limbergen
Dörholt
Sudberge
Zumbusch
Bockinghausen
Billerbecker Berg
Longinsturm
Lasbecker Mark
Steverberge
Leopoldshöhe
Hohebg.
Luseberg
Landwehr
Kellermann
Schulze-Bisping
Westerberg
Rohlmann
Nottulner Berg
Stiftsmühle
Mulleck
Humberg
Westerodemühle
Schulte-Winzler
Zippenberg
Rastrup
Schroder
Allendorf
Stockmann
Fels
Bussing
Lordemann
Rensmann
Kammann
Averkorn
Schulte-Haading
Larkamp
Detter Heide
Kl. Finkenbrink
Lütke-Lengerich
Ostermann
Maria Hilf
Vollmer
Bolte
Hp. Tilbeck
Schulte-König
Königsbrook
Hs. Merkenbeck
Juckweg
Westhusing
Kuckmann
Ahlbrandt
Egger
Hs. Forkenbeck
Schulze-Bockeloh
Graveloh
Kl. Kuckenbeck
Kentrup
Beltmann
Hs. Alvinghoff
Winkelsett
Hs. Altbachten
Schulze-Blasum
Fichtenkotten
Bruning
Hs. Wiek
Krechtmann
Kl. Feldhaus
Schulze-Paulinenhof
Probsting
Essemann
Ploger
Bornstein
Hs. Ruhr
Schulze-Bockholt
Daldrup
Hundrup
Kieskamper
Sasse
Schulze-Monking
Erkenbolling
Reinert
Vogt
Gr. Fels
Lenfers
Einhaus
Heitplatz
Selkingheide
Vennhaus
Schulze-Hoping
Althoff
Holtrup
Streitholt
Einbrocker
Gr. Gorgemann
Luermann
Wahlkamp
Gr. Verspohl
Gr. Hulsemische
Kortmann
Bussmann
Althaus
Gerbersmann
Hs. Griesking
Luckmann
Bokers
Schulze-Kreemer
Bredenbecker Heide
Bruse
Bruggemann
Schulze-Bredenbeck
Gosselmann
Thiemann
Gessmann
Frenkingsmühle
Schmiemann
Frandrup
Kleimann
Schulze-Zumklei
Holle
Gr. Hellmann
Frintrup
Harz
Schrierer
Hs. Schellern
Hovestadt
Lohaus
Frie
Schulze-Eistrup
Niehues
Potthof
Boving
Schurmann
Frieling
Edelmann
Merfeld
Schulte-Wien
Budde
Menke
Wenning
Thier
Hockesfeld
Mergelkamp
Uding
St. Martinistift
Schulze-Averbeck
Wortmann
Schulze-Hagen
Bucker
Bertling
Bolting
Rademacher
Eistrup
Gr. Herzog
Lechler
Weiking
Frerich
Dehmann
Freitag
Wissing
Geistmann
Steghaus
Gut
Schulte-Hullern
Solke
Samson
Brambrink
Engster
Ruther
Heide
Biedermann
Mengelkamp
Dorfbauer-Wierling
Burbanck
Emschhove
Leppingheide
Hanloer Münster
Grotthof
Mark
Wenker
Schulze-Bisping
Sprenker-Bockholt
Staatsforst
Schulze-Brock
Holtmann
Struckfeld
Meyer
Keinwald
Kajuter
Steens
Bertling
Meinert
Pauck
Kramer-Bartels
Steveräcker
Hs. Havexbeck
Hs. Tilbeck
Merschformann
Schulz
Gose
Schlagheck
Kohaus
Rauße
Ameshorst Staatsforst Münster
Verspoel
Gr. Westarp
Huesmann
Feldhaus
Museler
Kortmann
Rüschenfeld
Pieper
Lütke-Brintrup
Kerkhey
Hs. Hulshof
Haupt
Rademacher
Heimann
Wenning
Vorwick
Mormann
Thier
Schulze-Froning
Lenter
Schulze-Schleithof
Hillebrand
Nordhoff
Borgmann
Elvering
Minnerop
Schulze-Westerholt
Schulze-Osterholt
Rolver
Guddorf
Bußmann
Wallruper Feld
Milskemper
Pommer
Voss
Judefeldt
Baumeister
Eschwaltrup
Vogelsang
Lipping
Gr. Fels
Althoff
Niehof
Stapelmühle
Hs. Stapel
Gr. Osterholt
Frenking
Mersmann
Riehter
Iber
Luff
Isenberg
Harbeck
Vornholz
Sicker
Hs. Konering
Hs. Langenhorst
Lütke Enking
Krampe
Holtkamp
Lenfers
Gr. Daldrup
Lütke-Daldrup
Kammann
Lulf
Sommer
Holtkamp
Boving
Nienau
Ahlers
Mensing